文部科学省後援
実用フランス語技能検定試験

仏検公式ガイドブック
セレクション
1級
（2019-2023）

フランス語教育振興協会編

公益財団法人 フランス語教育振興協会

音声について

本書の音声は、下記サイトより無料でダウンロード、およびストリーミングでお聴きいただけます。

https://stream.e-surugadai.com/books/isbn978-4-411-90312-9/

＊ご注意
・PC からでも、iPhone や Android のスマートフォンからでも音声を再生いただけます。
・音声は何度でもダウンロード・再生いただくことができます。
・当音声ファイルのデータにかかる著作権・その他の権利は公益財団法人フランス語教育振興協会（駿河台出版社）に帰属します。無断での複製・公衆送信・転載は禁止されています。

別売 CD について

無料音声ダウンロードと同じ内容の別売 CD（1 部 2,200 円税・送料込）をご用意しております。ご希望の方は、級・住所・連絡先を記入のうえ、仏検事務局まで現金書留をお送りください。

公益財団法人フランス語教育振興協会　仏検事務局
〒102-0073　千代田区九段北 1-8-1 九段 101 ビル 6F

ま え が き

　本書は 2013 年度から毎年刊行されている『年度版仏検公式ガイドブック』の別冊として、2019 年度〜2023 年度の実施問題からセレクトし、詳細な解説をほどこしたものです。

　APEF（公益財団法人フランス語教育振興協会）が実施する「実用フランス語技能検定試験」（略称「仏検」）は、フランス語を「読む」「書く」「聞く」「話す」という 4 つの技能に関して総合的に判定する試験として、1981 年という世界的に見ても早い時期からおこなわれています。

　1 級の場合、たとえばフランス語を「書く」能力を測る問題は、和文仏訳だけではなく、名詞化にともなう文の書きかえや動詞の活用など、さまざまな形で出題されています。本書に収録されている各問にあたることは、その意味で、1 級の受験のための対策にとどまらず、フランス語で書くとはどういうことかを、実際の問題に則して考える機会でもあります。フランス語を「読む」という点に関してもそれは同じで、今日的な話題を網羅した 1 級の問題集は、「現代の社会をフランス語で読み解く」という面でも、他に例を見ないユニークな参考書と言えるでしょう。仏検 1 級合格のためのツールとして、また「仏検を通して学ぶフランス語」という意味で、本書をおおいに活用してください。なお、本書の監修は倉方健作が担当しています。

公益財団法人　フランス語教育振興協会

目　　次

まえがき	3
1 級の内容と程度	6

1 次試験 ——————————————— 7

1 次試験の概要	8
筆記試験	10
書き取り試験	153
聞き取り試験	170

2 次試験 ——————————————— 223

仏検公式ガイドブックセレクション1級（2019-2023）

1級の内容と程度

● **1級のレベル**

「読む」「書く」「聞く」「話す」という能力を高度にバランスよく身につけ、フランス語を実地に役立てる職業で即戦力となる。
ヨーロッパ言語共通参照枠 (CEFR) の C1/C2 にほぼ対応しています。
標準学習時間：600時間以上

読　む：現代フランスの政治・経済・社会・文化の幅広い領域にわたり、新聞や雑誌の記事など、専門的かつ高度な内容の文章を、限られた時間のなかで正確に読み取ることができる。

書　く：あたえられた日本語をフランス語としてふさわしい文に翻訳できる。その際、時事的な用語や固有名詞についての常識も前提となる。

聞　く：ラジオやテレビのニュースの内容を正確に把握できる。広く社会生活に必要なフランス語を聞き取る高度な能力を有する。

話　す：現代社会のさまざまな問題について、自分の意見を論理的に述べ、相手と高度な議論が展開できる。

文法知識：文の書きかえ、多義語の問題、前置詞、動詞の選択・活用などについて、きわめて高度な文法知識を有する。

語彙：制限なし

● **試験形式**

1次試験 / 150点満点
　筆記試験（120分）
　書き取り・聞き取り試験（約40分）

2次試験 / 50点満点
　個人面接試験（約9分）

1次試験

1次試験の概要   8
筆記試験   10
書き取り試験   153
聞き取り試験   170

仏検公式ガイドブックセレクション1級（2019-2023）

1次試験の概要

1級の1次試験（150点満点）は、筆記試験と書き取り・聞き取り試験を合わせ、以下の12の大問から構成されています。

筆記試験（100点満点）

1　動詞・形容詞（副詞）の名詞化／記述
2　多義語／記述
3　前置詞／選択
4　時事用語・常用語／記述
5　動詞の選択と活用／記述
6　文章の完成／選択
7　内容一致／選択
8　内容要約（日本語）／記述
9　和文仏訳／記述

書き取り・聞き取り試験（50点満点）

書き取り
聞き取り1　部分書き取り／記述
聞き取り2　内容一致／選択

このうち筆記1（名詞化＝全文書きかえ）および9（和文仏訳）では**文または文章の構成力**が、筆記2（多義語）、3（前置詞）および4（時事用語・常用語）では主として**語彙の知識**が問われることになりますが、筆記5（動詞活用）、6（長文完成）、7（内容一致）、8（日本語要約）および書き取り、聞き取り1、2では、問題の形式はそれぞれことなるものの、いずれも**長文の内容の把握**が解答の前提になります。見方を変えて言えば、1級の1次試験では、このあとの解説にもその詳細を示すように、ほとんどの設問で**文脈の理解**と内容の**パラフレーズ**のいずれか —— またはその双方 —— が問題になることがわかります。

解答の形式別の内訳は、フランス語による記述が7問（計95点）で全体

の配点の 63％ を占め、選択式が 4 問（計 40 点 = 27％）、日本語による記述が 1 問（15 点 = 10％）となっています（「1 次試験配点表」を参照）。

　また、1 次試験の合格基準点は例年 85 点〜90 点前後（得点率 56〜60％程度）で推移しており、およそ 6 割の得点率が 1 次試験突破の目安と考えてよいでしょう。

1 次試験配点表

筆記試験	1	2	3	4	5	6	7	8	9	小計	書き取り	小計	聞き取り	1	2	小計	計
	12点	8	8	5	10	10	12	15	20	100		20		20	10	30	150

仏検公式ガイドブックセレクション１級 (2019-2023)

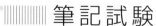

筆記試験

1

　動詞、形容詞または副詞を適切な名詞に改め、全文を書きかえる**名詞化** nominalisation の問題です。名詞の部分だけを解答する準１級の場合とはことなり、１級では文全体の書きかえが求められるため、語の派生関係に関する知識だけではなく、動詞や冠詞の用法、構文など、総合的な文章力が問われることになります。

　一般に、名詞化にともなう文の書きかえでは、たとえば

　On maintient difficilement les prix à leur niveau actuel.「価格を現在の水準に据え置くのはむずかしい」

　→ Le maintien des prix à leur niveau actuel est difficile.

のように、文の要素をほとんど変えずに書きかえが成立することもありますが、以下の例のように、文意を維持するため、元の文にはなかった要素を補足するケースも少なくありません。

　Je sens que tu m'es hostile. → Je sens ton hostilité <u>à mon égard</u>.
　Ce produit est supérieur aux autres, c'est certain. → La supériorité de ce produit <u>par rapport aux</u> autres est certaine.

（*Dictionnaire du français langue étrangère*, niveau 2 による）

　とりわけ問題になるのは、書きかえた名詞とともに用いる動詞の選択ですが、この点に関しては、当然ながら正解は１つとはかぎらず、文の組み立てに応じてさまざまな工夫が求められることになります。過去の出題から例をあげてみましょう。

❶ Ce tableau *a été retouché* par divers peintres. 「この絵はさまざまな画家により修正がほどこされた」
　　→ Ce tableau <u>a subi</u> des retouches de divers peintres. (11)
❷ Le fleuve en crue *a submergé* la plaine. 「川の増水で平野は水浸しに

筆記試験 1

なった」

→ La crue du fleuve a provoqué une submersion de la plaine. (13)

❶は元の文の主語をそのまま用いた書きかえの例で、この場合、主語の ce tableau と des retouches「修正」の関係を示すには、「～をこうむる」の意の subir のような動詞をおぎなう必要があります。subir のかわりに faire l'objet de「～の対象になる」を用い、Ce tableau a fait l'objet de retouches de divers peintres. とすることもできますが、どちらも思いつかなければ、主語を divers peintres に変え、「もたらす」の意の動詞 apporter を使って、Divers peintres ont apporté des retouches à ce tableau. のような文を考えてもよいでしょう。

また❷の場合、crue du fleuve「川の増水」と submersion de la plaine「平野の浸水」は原因と結果の関係にあることから、crue du fleuve を主語にした書きかえでは、上の例の provoquer のほか、causer、entraîner など、「～を引き起こす」という意味の動詞を使ってこの関係を示します。この文は、submersion de la plaine を主語にして受動態の構文に書きかえ、La submersion de la plaine a été provoquée par la crue du fleuve. としても同じですが、このように「結果」を示す語句を主語に据えるのであれば、provenir de や être dû à など、「～に起因する」という意味の表現を用い、La submersion de la plaine provient de (est due à) la crue du fleuve. といった書きかえを工夫することもできます。

つまり、この問題の解答では、どのように文を組み立てるかという点でさまざまなヴァリエーションが存在し、とりわけ**主語の選択**が、書きかえの成否を左右すると言ってもよいでしょう。簡単に言えば、書きかえがうまくいかなかった場合、主語を変えてためしてみればよい、ということです。

なお、動詞によっては、対応する名詞が複数存在し、語義による区別が求められる場合があるので注意が必要です。ここでは、以下のような例をあげておきます。

arrêter → arrêt / arrestation
blanchir → blanchiment / blanchissement
brûler → brûlage / brûlure

11

changer → change / changement
déchirer → déchirure / déchirement
édifier → édifice / édification
essayer → essai / essayage
exposer → exposé / exposition
figurer → figure / figuration
harmoniser → harmonie / harmonisation
nettoyer → nettoiement / nettoyage
payer → paie (paye) / paiement (payement)
perdre → perte / perdition
varier → variété / variation
etc.

　一般に、動詞の名詞化に用いられる接尾辞には、おおまかに言って、❶ bavarder / bavard**age**、apparaître / appari**tion** のように、名詞形が元の動詞の「動作や行為」を示す場合と、❷ brûler / brûl**ure**「やけど」、ébouler「崩れる」/ ébouli**s**「崩れ落ちた土砂や岩石の堆積」など、元の動詞の動作や行為の「結果ないしは状態」を示す場合があり、2つの用法を区別しておくとよいでしょう。ただし、1つの接尾辞がつねにどちらか一方の意味に対応しているわけではなく、たとえば plonger / plonge**on**「飛び込むこと、ダイビング」は❶、brouiller / brouill**on**「下書き、草稿」は❷というように、同じ接尾辞が2つの意味にまたがって用いられることもめずらしくありません。

　以下、練習問題 1 、練習問題 2 では動詞、練習問題 3 、練習問題 4 では形容詞や副詞の名詞化の例を取り上げ、具体的な書きかえのポイントを見ていくことにしましょう（実際の出題は動詞、形容詞（副詞）をあわせた4問です）。

筆記試験 1

練習問題 1

　例にならい、次の(1)〜(4)のイタリック体の部分を名詞を使った表現に変え、全文をほぼ同じ内容の文に書きあらためて、解答欄に書いてください。

　（例）：Pourquoi a-t-on *renvoyé* Jacques ?
　　→（解答）：Quelles sont les raisons du renvoi de Jacques ?

(1)　L'enfant *a été sauvé* par les pompiers.　　　　　　　　(19)

(2)　Les policiers et les manifestants *se sont* violemment *bousculés*.　　　　　　　　(20)

(3)　Les dirigeants de ce pays *méprisent* profondément le peuple.　　　　　　　　(21)

(4)　Vous pouvez porter plainte quand un chien vous *mord*. (23)

解　説

(1)　L'enfant *a été sauvé* par les pompiers.「その子どもは消防士たちによって救助された」

　動詞 sauver「救う、助ける」と派生関係にある名詞は sauvetage です。まず、元の文の動詞 sauver の動作主にあたる les pompiers を主語にした書きかえを考えてみましょう。sauvetage を目的語にとる動詞として最初に思いつくのは faire ですが、faire du sauvetage「救助をおこなう」という用例はあるものの、あとに前置詞をともなう faire le sauvetage de「〜の救助をおこなう」という言い方はあまり一般的ではありません。ここでは faire にかえ、「救助に無事成功した」という意味合いで réussir を用いるとしっくりします (Les pompiers ont réussi le sauvetage de l'enfant.)。あるいは le sauvetage を主語に置き、受動態の構文で、Le sauvetage de l'enfant a été effectué par les pompiers. としてもよいでしょう。

(2)　Les policiers et les manifestants *se sont* violemment *bousculés*.「警察とデモ隊は激しくぶつかりあった」

　動詞 se bousculer「ぶつかりあう、ひしめきあう」と派生関係にある名詞

13

仏検公式ガイドブックセレクション１級（2019-2023）

は bousculade です。この bousculade を主語に用いるのであれば、「（警察と
デモ隊の間で）激しいぶつかりあいが起こった」という文を作ることになり、
avoir lieu を使って、Une violente bousculade a eu lieu entre les policiers et
les manifestants. とすることができます。この場合、動詞の時制は複合過去
のまま、元の文の副詞 violemment は形容詞 violent に変え、女性名詞
bousculade と一致させて女性形で用います。警察とデモ隊の「ぶつかりあい」
が何度かあったと考えれば、主語を複数形にし、De violentes bousculades
ont eu lieu [...]. とすればよいでしょう。「起こる、生じる」の意の動詞は
avoir lieu のほか、se déclencher、se produire なども可能です。代名動詞を
複合過去で用いる場合は、以下のように過去分詞の一致に注意してください。

　Une violente bousculade s'est déclenchée (s'est produite) entre les policiers
et les manifestants.

　De violentes bousculades se sont déclenchées (se sont produites) entre les
policiers et les manifestants.

⑶　Les dirigeants de ce pays *méprisent* profondément le peuple. 「この国の
指導者たちは国民を徹底的に軽視している」

　動詞 mépriser「〜を軽視する、軽蔑する」と派生関係にある名詞は
mépris「軽視、軽蔑」です。名詞化したい動詞を修飾する副詞がある場合は、
その副詞を形容詞化することを考えましょう。設問文の mépriser
profondément「徹底的に軽視する」であれば un profond mépris「徹底的な
軽視」と書きかえることができます。また、軽視・軽蔑する対象をみちびく
には前置詞 pour を用います。以上の要素を組み合わせて、「この国の指導者
たち」には「国民」に対する「徹底的な軽視」がある、という文 Les
dirigeants de ce pays ont un profond mépris pour le peuple. を作ればよいで
しょう。

⑷　Vous pouvez porter plainte quand un chien vous *mord*. 「犬にかまれた
ときは訴えることができます」

　まずイタリック体で示されている mord が動詞 mordre「かむ」の直説法
現在形であることを確認しましょう。動詞 mordre と派生関係にある名詞は
morsure「かむこと、かみ傷」です。そこで la morsure d'un chien「犬によ
るかみ傷」を主語にするなら、「かみ傷は訴えの理由となる」という文が考
えられます。そうすると、La morsure d'un chien peut être la cause d'une

14

筆記試験 1

plainte.「犬によるかみ傷は訴えの理由となりえます」となります。

解答例 (1) Les pompiers ont réussi le sauvetage de l'enfant.

(2) Une violente bousculade a eu lieu entre les policiers et les manifestants.

(3) Les dirigeants de ce pays ont un profond mépris pour le peuple.

(4) La morsure d'un chien peut être la cause d'une plainte.

仏検公式ガイドブックセレクション1級 (2019-2023)

練習問題 2

例にならい、次の(1)〜(4)のイタリック体の部分を名詞を使った表現に変え、全文をほぼ同じ内容の文に書きあらためて、解答欄に書いてください。

（例）：略

(1) Les fleuves grossissent après que la neige *fond*. (19)

(2) Les États doivent agir pour qu'on *tolère* davantage la diversité culturelle. (21)

(3) Selon certains experts, on ne devrait plus *attribuer* ces tableaux à Monet. (22)

(4) Le dentiste m'a dit que je ferais mieux de *me rincer* la bouche quotidiennement. (23)

解説

(1) Les fleuves grossissent après que la neige *fond*. 「雪解けのあと川は水かさを増す」

まずイタリック体で示されている *fond* が動詞 fondre「溶ける」の直説法現在の活用形であることを確認しましょう。動詞 fondre と派生関係にある名詞は fonte です。設問文では「（川が）増水する」という意味で grossir が自動詞として用いられていますが、grossir には他動詞としての用法もあり、la fonte de la neige を主語に置けば、「雪解け水が川を増水させる」の意で、La fonte de la neige grossit les fleuves. と書きかえることができます。より簡単なのは、設問文の構文をそのまま用い、Les fleuves grossissent après la fonte de la neige. とする方法です。「雪解け」は la fonte des neiges でもかまいません。

(2) Les États doivent agir pour qu'on *tolère* davantage la diversité culturelle.「文化的多様性がよりいっそう許容されるように、国が動かなければならない」

動詞 tolérer「〜を許容する、容認する」と派生関係にある名詞は tolérance「許容、容認」です。また、pour que でみちびかれる従属節の主

16

語 on は、ここでは一般的な「人々」を指していますので、書きかえにあたっては、「人々が文化的多様性をもっと認めるようになるよう、国レベルで行動を起こすべきだ」という意味の文を作ることになります。問題は tolérer davantage の副詞 davantage をどのような形容詞で書きかえるかですが、民間での「許容」の程度があがることがめざされているので、une plus grande tolérance や une meilleure tolérance（いずれも「よりいっそうの許容」の意）とすればよいでしょう。また、何に対する「許容」なのか示すには à l'égard de「～に対して」を使います。したがって、書きかえた文は Les États doivent agir en faveur d'une plus grande tolérance à l'égard de la diversité culturelle. となります。

⑶ Selon certains experts, on ne devrait plus *attribuer* ces tableaux à Monet.「一部の専門家によると、これらの絵はもはやモネの作とすべきではないとのことだ」

　動詞 attribuer「（作品を）～の作と認める」と派生関係にある名詞は attribution「作者の決定、アトリビューション」です。attribuer を名詞化した場合、attribuer ces tableaux à Monet という一節は l'attribution de ces tableaux à Monet と書きかえられます。問題は、「これらの絵をモネの作とすること」に対して「一部の専門家」がどのような姿勢をとっているかということの表わし方です。設問文では、彼らが反対の立場をとっていると述べられているのですから、動詞 contester「異議をとなえる」を用いて L'attribution de ces tableaux à Monet est contestée par certains experts. とすればよいでしょう。l'attribution de ces tableaux à Monet を主語にした文としては、ほかにも L'attribution de ces tableaux à Monet est erronée selon certains experts.、L'attribution de ces tableaux à Monet est jugée fausse par (selon) certains experts. や、L'attribution de ces tableaux à Monet est mise en doute par certains experts. が考えられます。あるいは、certains experts を主語にして、Certains experts n'admettent plus l'attribution de ces tableaux à Monet. や、Certains experts s'opposent à l'attribution de ces tableaux à Monet. としてもかまいません。

⑷ Le dentiste m'a dit que je ferais mieux de *me rincer* la bouche quotidiennement.「歯医者は私に、毎日、口をすすいだほうがよいだろうと言った」

17

仏検公式ガイドブックセレクション 1 級（2019-2023）

　動詞 se rincer「自分の〜をすすぐ」と派生関係にある名詞は rinçage「すすぎ」です。「毎日、口をすすぐこと」は un rinçage quotidien de la bouche、あるいは un rinçage de bouche quotidien となります。「私の口」ma bouche とする場合には、le rinçage quotidien de ma bouche が自然です。このような名詞句を直接目的語にするには、動詞は recommander「勧める」が適当です。そうすると全体は、Le dentiste m'a recommandé un rinçage quotidien de la bouche (un rinçage de bouche quotidien / le rinçage quotidien de ma bouche).「歯医者は私に、毎日、口をすすぐことを勧めた」となります。また、rinçage を主語とするなら受動態を用いて、Un rinçage quotidien de la bouche (Un rinçage de bouche quotidien / Le rinçage quotidien de ma bouche) m'a été recommandé par le dentiste.「私は、毎日、口をすすぐことを、歯医者に勧められた」とすることもできます。

解答例　(1) La fonte de la neige grossit les fleuves.

(2) Les États doivent agir en faveur d'une plus grande tolérance à l'égard de la diversité culturelle.

(3) L'attribution de ces tableaux à Monet est contestée par certains experts.

(4) Le dentiste m'a recommandé un rinçage quotidien de la bouche.

筆記試験 1

練習問題3

　例にならい、次の(1)〜(4)のイタリック体の部分を名詞を使った表現に変え、全文をほぼ同じ内容の文に書きあらためて、解答欄に書いてください。

（例）：略

(1)　Il est clair que ses efforts sont *vains*. 　　　　　　(19)

(2)　Il s'est montré *partial* à l'encontre des accusés. 　　(20)

(3)　J'ai été *stupéfaite* de sa réponse. 　　　　　　　　(22)

(4)　Ils ne seraient pas heureux s'ils restaient *oisifs*. 　　(23)

解説

(**1**)　Il est clair que ses efforts sont *vains*.「彼の努力が無駄であるのは明らかだ」

　「無駄な、むなしい」の意の形容詞 vain と派生関係にある名詞は vanité です。vanité は「うぬぼれ、見栄」のほか、「はかなさ、むなしさ」の意味でも用いられます。この名詞を主語にした書きかえを考えれば、La vanité de ses efforts est claire. という解答にたどり着くのはそれほどむずかしくはありません。時制は直説法現在ですし、書きかえの際に注意すべきは、主語となる女性名詞 vanité に合わせて、形容詞 clair を女性形に一致させることくらいです。名詞化をする際、en vain「無駄に」といった表現があるので誤解を招きやすいところですが、vain はあくまでも形容詞です。

(**2**)　Il s'est montré *partial* à l'encontre des accusés.「彼は被疑者たちに対して公正ではない態度をとった」

　「偏った、公正ではない」の意の形容詞 partial と派生関係にある名詞は partialité です。〈se montrer ＋属詞〉の形で「〜の態度（ようす）を示す」の意味になること、またこの文では à l'encontre de *qn* が「〜に対して」という意味で使われていることがわかれば、代名動詞 se montrer を他動詞 montrer に変え、partialité をその直接目的語として用いることで、Il a montré sa partialité à l'encontre des accusés. という解答が可能になります。sa partialité にかえて la partialité としてもかまいません。Montrer のかわり

19

に、ほぼ同じ意味の faire preuve (de) を用い、Il a fait preuve de partialité à l'encontre des accusés. としてもよいでしょう（なお、定冠詞をともなう faire la preuve de は「〜を証明する、〜の証拠を示す」の意ですから、faire preuve de「〜を示す」とは意味がことなります）。à l'encontre de *qn* を「〜と出会って」のような誤った意味で理解してしまい、元の文と別の内容の文に書きかえることのないようにしましょう。

(3)　J'ai été *stupéfaite* de sa réponse.「彼（女）の返答には愕然としました」

　　形容詞 stupéfait「びっくり仰天した、ぼう然自失した」と派生関係にある名詞は stupéfaction「ぼう然自失、驚愕」です。この stupéfaction を用いた書きかえ文としてはまず、「私」を驚かせた主体である sa réponse「彼（女）の返答」を主語とした能動態の文 Sa réponse a provoqué ma stupéfaction. が考えられます。動詞は provoquer のかわりに、causer、déclencher、soulever、susciter を用いてもかまいません。また、受動態で Ma stupéfaction a été causée (déclenchée / provoquée / soulevée / suscitée) par sa réponse. とすることも可能です。ほかにも、J'ai reçu sa réponse avec stupéfaction. や Sa réponse a été (à) l'origine de ma stupéfaction. といった文が考えられます。あるいは Sa réponse m'a remplie de stupéfaction. とすることも可能です。ただし、設問文で形容詞 stupéfait が女性単数に性数一致していることから「私」が女性であることに留意し、過去分詞 rempli を直接目的補語 me (m') と性数一致させることを忘れないようにしましょう。なお、いずれの書きかえ文でも stupéfaction に ma ではなく une、la、de la などをつけてしまうと、「私」が愕然としたという設問文の意味が失われてしまいます。

(4)　Ils ne seraient pas heureux s'ils restaient *oisifs*.「何もすることがないままでは、彼らは幸せにはならないだろう」

　　「無為な、なにもしない」を意味する形容詞 oisif と派生関係にある名詞は oisiveté で、「無為、怠惰」などを意味します。ここでの si は単に「もし〜なら」という仮定ではなく、même si「たとえ〜であろうと」に近いニュアンスであることに注意する必要があります。そのニュアンスを出すためには、oisiveté を主語にして、動詞には assurer *qc* (à *qn*)「〜を（〜に）保証する」を用いるのがよいでしょう。元の文は推測を表わす条件法になっているので、それに合わせると、L'oisiveté ne leur assurerait pas le bonheur. という文になります。ただし時制は、直説法現在 assure や直説法単純未来 assurera に

筆記試験 1

することもできます。また、〈rendre *qn* ＋属詞〉「～を～にする」を使えば、L'oisiveté ne les rendrait pas heureux. と表現できます。この場合、直説法単純未来 rendra でもかまいませんが、直説法現在 rend を用いると、「幸せにはならない」ことが事実となってしまうので適当ではありません。

解答例 (1) La vanité de ses efforts est claire.

(2) Il a fait preuve de partialité à l'encontre des accusés.

(3) Sa réponse a provoqué ma stupéfaction.

(4) L'oisiveté ne leur assurerait pas le bonheur.

21

仏検公式ガイドブックセレクション1級（2019-2023）

練習問題 4

　例にならい、次の(1)～(4)のイタリック体の部分を名詞を使った表現に変え、全文をほぼ同じ内容の文に書きあらためて、解答欄に書いてください。

（例）：略

(1)　Michelle est restée *calme* pendant la discussion.　(19)

(2)　Le garçon a agi ainsi pour qu'on le trouve *brave*.　(20)

(3)　Notre entretien a été *bref* mais fructueux.　(22)

(4)　Pourquoi a-t-elle les jambes *gonflées* ?　(23)

解説

(1)　Michelle est restée *calme* pendant la discussion. 「議論の間 Michelle は終始冷静だった」

　形容詞 calme「静かな、冷静な」に対応する名詞は、同じつづりの calme です。この問題では、たとえば garder son calme「冷静さを保つ」という言い方を思いつけば、元の文の rester calme「冷静なままでいる」の部分をこれに置きかえることで、文の構造をほとんどかえずに Michelle a gardé son calme pendant la discussion. という解答を得ることができます。garder son calme のかわりに逆の意味の perdre son calme「冷静さを失う」を用い、否定文で Michelle n'a pas perdu son calme pendant la discussion.「Michelle は議論の間冷静さを失わなかった」としてもよいでしょう。あるいは La discussion を主語に置き、使役の構文で La discussion n'a pas fait perdre son calme à Michelle. とすることも可能です。

(2)　Le garçon a agi ainsi pour qu'on le trouve *brave*. 「その少年は勇敢だと思われたくてそのように行動した」

　形容詞 brave「勇敢な」と派生関係にある名詞は bravoure です。もっとも簡単な解答は、元の文の pour que 以下の部分のみを書きかえ、Le garçon a agi ainsi pour qu'on reconnaisse sa bravoure. とする方法ですが、構文を変えて、「その少年の行動は自分の勇敢さを認めてもらうことを目的としていた」という無生物主語の文を考えてもよいでしょう。主語は agir「行動する、

22

筆記試験 [1]

ふるまう」を名詞化した action、動詞は「～をめざす」の意の viser (à) を用い、Cette action du garçon visait à faire reconnaître sa bravoure. とするのがその 1 例です。faire reconnaître「認めさせる」のかわりに démontrer、prouver など、「示す、証明する」の意の動詞を用いてもかまいません。

(3) Notre entretien a été *bref* mais fructueux.「われわれの対談は短かったが実り多かった」

形容詞 bref「短い、簡潔な」と派生関係にある名詞は brièveté「短さ、簡明」です。設問文の bref mais fructueux「短かったが実り多かった」という接続詞 mais を用いて示される対立関係は、前置詞 malgré を用いて表わしましょう。すると、設問文は Malgré sa brièveté, notre entretien a été fructueux. と書きかえることができます。Malgré la brièveté de notre entretien, celui-ci a été fructueux. としてもかまいません。また、少し発想を変えて、empêcher de「～することをさまたげる」の否定形を用いた書きかえも可能です。その場合は、La brièveté de notre entretien ne l'a pas empêché d'être fructueux. という文になります。

(4) Pourquoi a-t-elle les jambes *gonflées* ?「どうして彼女の足ははれているの」

形容詞 gonflé「ふくれた、はれた」と派生関係にある名詞は gonflement「ふくらみ、はれ」です。実際にはれている足を目にしての発言でしょうから、「彼女の足のはれ」は、指示形容詞を使って ce gonflement de ses jambes とするのがよいでしょう。もっとも、定冠詞を使って le gonflement de ses jambes としてもかまいません。理由を尋ねる言い方はいろいろ考えられますが、たとえば venir を用いれば、D'où vient ce (または le) gonflement de ses jambes ?「なぜ彼女の足はそんなふうにはれているの」となります。また、元の文と同じ pourquoi を用いて、Pourquoi un tel gonflement de ses jambes ?、さらに動詞 avoir を使って、Pourquoi ses jambes ont un tel gonflement ?「どうして彼女の足はあんなにはれているの」としてもよいでしょう。

解答例 (1) Michelle a gardé son calme pendant la discussion.
(2) Cette action du garçon visait à faire reconnaître sa bravoure.
(3) Malgré sa brièveté, notre entretien a été fructueux.
(4) D'où vient ce gonflement de ses jambes ?

23

2

　旧体制末期に人気を博したグレトリのオペラ＝コミック『焼きもちやきの恋人』*L'Amant jaloux* (1778) の第 1 幕、恋人 Léonore が化粧部屋に浮気相手を隠していると思い込んだ Don Alonze は、度を越した嫉妬心を小間使いの Jacinte にからかわれて逆上し、次のように言い放ちます。

　　　C'est trop dévorer mon injure. Il faut confondre l'imposture.

　この短い台詞で用いられている 2 つの動詞、dévorer と confondre はどちらもそれ自体は取り立ててめずらしい語ではありません。ところが、dévorer に「貪る、さいなむ」、confondre に「混同する」といった語義をあてはめてみても、どうにも文意が通らないことがわかります。種明かしをすると、ここでは dévorer は「耐える、我慢する」、confondre は「やりこめる、（嘘を）暴く」の意で用いられており、Don Alonze は、「侮辱を耐え忍ぶのはもうたくさんだ。あの女のペテンを暴いてやらなければ」と述べていたのです（この 2 つの語義は、dévorer ses larmes「涙をこらえる」、confondre son orgueil「高慢の鼻を折る」など、現用のフランス語でも書きことばとして残されています）。

　多義語 mot polysémique の問題は、このような、語の意外な意味の広がりに目を向けるもので、最近の出題を見ても、「策略、いたずら」の意味のtour（→ 練習問題 4 ）や、「かきまぜる」の意の battre（→ 練習問題 1 ）など、ごく基本的な語彙の、ともすれば見すごされがちな語義が問われていることがわかります。先ほど例にあげた dévorer の意味の広がりも出題されました（→ 練習問題 2 ）。問題の形式は、準 1 級と同様、**A**、**B** 2 つの文の空欄に共通する語を答えるものですが、1 級では選択肢があたえられていないため、相当の語彙力がなければ太刀打ちできません。

　以下の練習問題では、便宜上、動詞、形容詞、名詞の 3 つの品詞に分けて、過去の出題を検討することにします。

筆記試験 2

練習問題 1

次の (1) 〜 (4) について、**A**、**B** の（　　）内には同じつづりの語が入ります。
（　　）内に入れるのにもっとも適切な語（各 1 語）を、解答欄に書いてください。

(1)　**A**　Il faut (　　　　) un timbre sur l'enveloppe.
　　　B　Malheureusement, il s'est fait (　　　　) au concours.

(19)

(2)　**A**　J'ai baissé le prix de 50 centimes pour (　　　　) la somme.
　　　B　Plutôt que de te montrer intransigeant, tu devrais essayer d'(　　　　) les angles.

(20)

(3)　**A**　Le professeur a (　　　　) de nombreuses erreurs dans mon devoir.
　　　B　Pour traverser la rivière, il a (　　　　) son pantalon jusqu'aux genoux.

(20)

(4)　**A**　La championne a fait des efforts surhumains pour (　　　　) son record.
　　　B　Tu sais comment (　　　　) des blancs en neige ?

(21)

解説　まず、多義的な動詞の用法について見てみましょう。動詞の場合、語形は不定法または過去分詞の形で出題されるものがほとんどですが、活用形を解答とする出題もありますので注意しましょう。

(1)　正解は coller です。**A** では「貼りつける」、**B** では「試験で落とす、落第させる」という意味で用いられています。文意はそれぞれ、「この封筒に

25

仏検公式ガイドブックセレクション1級 (2019-2023)

切手を貼る必要がある」、「残念ながら、彼は選抜試験で不合格になった」となります。coller はまた、学生用語で「居残りさせる」という意味でも用いられますが、これは「その場に貼りつける」という意味から転じたものです。同様に、名詞 colle にも、「糊」のほか、「居残り勉強、試験」といった、「いすにぴったり貼りついていなければならない状況」を指す用法があります。Il a eu deux heures de colle.「彼は2時間の居残り勉強をさせられた」

⑵　正解は「丸くする」の意の動詞 arrondir で、**A** では（金額について）「端数を捨てる、切りのいい数にする」、**B** では arrondir les angles の形で、「ことを丸く収める」の意の成句として用いられています。文意はそれぞれ、「切りのいい額にするために50サンチーム値を下げた」、「妥協しない態度をとるより、むしろ君はことを丸く収めるべきではないだろうか」となります。arrondir は形容詞 rond から派生した動詞ですが（この場合、接頭辞 a は「ある状態への移行」を示しています）、形容詞 rond にも、le chiffre rond「切りのよい数字」のような **A** と似た用法があります。**B** の「ことを丸く収める」は、arrondir les angles「角を落とす」という原義から転じたものです。

⑶　正解は動詞 relever の過去分詞 relevé で、**A** では「指摘する、みつける」、**B** では「たくし上げる」の意味で用いられています。文意はそれぞれ、「先生は私の宿題に多くの誤りをみつけた」、「川を渡るために彼はズボンをひざまでたくし上げた」となります。relever ses manches「袖をまくり上げる」なども **B** と同じ用法です。relever の原義は「起き上がらせる、立て直す」ですが、元の意味からは推測しにくい用法も多く、問題文のほか、relever le compteur d'électricité「電気のメーターを検針する」のような言い方も知っておくとよいでしょう。

⑷　正解は battre です。**A** では「（記録を）破る、更新する」、**B** では「かきまぜる」という意味で用いられています。文意はそれぞれ、「自分の記録を更新するためにチャンピオンは超人的な努力をした」、「どうやって卵白を泡立てるか知ってる?」となります。**A** の意味のほうがなじみがあるでしょうから、こちらから動詞をしぼり込むと正解をみちびきやすいでしょう。

解答　⑴ coller　　⑵ arrondir　　⑶ relevé　　⑷ battre

筆記試験 2

練習問題2

次の(1)〜(4)について、**A**、**B**の（　　）内には同じつづりの語が入ります。
（　　）内に入れるのにもっとも適切な語（各1語）を、解答欄に書いてく
ださい。

(1)　**A**　Le serpent (　　　　) la souris d'un coup.

　　　B　Malgré sa fortune, l'ambition le (　　　　) encore
　　　　　aujourd'hui.

(21)

(2)　**A**　Cette équipe a (　　　　) plusieurs défaites avant de
　　　　　devenir championne.

　　　B　Le barman a (　　　　) le comptoir avec un chiffon.

(22)

(3)　**A**　Le pays est incapable d'(　　　　) ses infrastructures
　　　　　vieillissantes.

　　　B　Vous devriez (　　　　) de meilleures relations avec
　　　　　vos voisins.

(22)

(4)　**A**　Au déjeuner, ma mère avait (　　　　) son vin avec de
　　　　　l'eau.

　　　B　Le courant a brutalement été (　　　　) au milieu de la
　　　　　matinée.

(23)

解 説　同じく動詞の出題例です。

(**1**)　正解は dévore です。動詞 dévorer は猛烈な勢いで対象を捕食する行為
を表わし、**A** では「むさぼり食う」という直接的な意味で、**B** では比喩的に
「（感情が人を）責めさいなむ」という意味で用いられています。文意はそれ

27

仏検公式ガイドブックセレクション 1 級（2019-2023）

ぞれ、「ヘビがネズミを一息にたいらげる」、「財を成していながら、彼は今日でもまだ野望に身をさいなまれている」となります。なお、dévorer の時制ですが、**B** の encore aujourd'hui「今日でもなお」という表現から、直説法現在にすべきであることがわかります。

⑵　正解は essuyé です。**A** では「（被害など）をこうむる、（非難など）を受ける」、**B** では「ぬぐう」という意味で用いられています。文意はそれぞれ、「そのチームはチャンピオンになるまでいくつもの敗北を喫してきた」、「バーテンダーは雑巾でカウンターをふいた」となります。**B** の文は動詞 essuyer の第一義の意味で用いていますから、こちらから先に候補となる語をしぼり込むとよいでしょう。

⑶　正解は entretenir です。**A** では「〜を補修する、メンテナンスする」、**B** では「保つ」という意味で用いられています。文意はそれぞれ、「国は老朽化するインフラをメンテナンスすることができない」、「近所の人たちともっと良好な関係を保つべきなのに」となります。なお、entretenir はほかにも前置詞 de や sur をともなって「〜について話す」などの意味があります。

⑷　正解は coupé です。動詞 couper は、**A** では「（飲料などを）〜で割る、水で薄める」、**B** では「（電気、通信などを）止める」という意味で用いられています。文意はそれぞれ、「昼食時、母はあらかじめワインを水で薄めていた」、「午前中に、突然、停電があった」となります。couper の第一義は「（刃物などで）切る」ですが、派生的な意味として「分ける」、「さえぎる」、「中断する」などを表わします。

解答　⑴ dévore　　⑵ essuyé　　⑶ entretenir　　⑷ coupé

筆記試験 2

練習問題 3

次の (1) ～ (4) について、**A**、**B** の（　　）内には同じつづりの語が入ります。
（　　）内に入れるのにもっとも適切な語（各1語）を、解答欄に書いてく
ださい。

(1)　**A**　La route est (　　　　) de sept mètres environ.

　　　B　Tu laisses un si gros pourboire ? Tu es très (　　　　)
　　　　　avec cette serveuse !

(19)

(2)　**A**　Ce bijou est en or (　　　　) véritable.

　　　B　La guerre a provoqué un exode (　　　　) et durable de
　　　　　la population.

(21)

(3)　**A**　Le vieillard était (　　　　) d'oreille.

　　　B　Son collègue est (　　　　) à cuire.

(22)

(4)　**A**　Ce symptôme est caractéristique du stade (　　　　) de
　　　　　la maladie.

　　　B　Elle a poussé un cri si (　　　　) que tout le monde s'est
　　　　　retourné.

(23)

解説　次に形容詞の例を見てみましょう。

(1)　正解は large です。**A** では〈large de ＋数量表現〉で「～の幅がある」、
B では「気前がいい」の意で用いられています。文意はそれぞれ、「その道
路は幅が約7メートルある」、「そんなにたくさんチップを置いていくなん
て、あのウェイトレスにずいぶん気前がいいのね！」となります。**A** の意味
での名詞は largeur「幅、横幅」ですが、**B** の意味では largesse「気前のよさ」
になる点にも注意してください。

29

仏検公式ガイドブックセレクション 1 級 (2019-2023)

⑵　正解は massif です。**A** では「純粋な、まじりけのない」、**B** では「大量の、おおぜいの」という意味で用いられています。文意はそれぞれ、「このアクセサリーは正真正銘の純金製だ」、「戦争は大量かつ長期にわたる住民の流出を引き起こした」となります。形容詞 massif は密度高くまとまった、かたまりの状態を指します。金、銀、銅、鉄、ステンレス、木材などとともに使用すれば **A** のような「均一な素材のかたまり」という意味になります。また、無数の要素の集合体という側面に注目すれば **B** のように「大量の」という意味になりますし、かたまり状のものの外見上の印象から「どっしりとした、重量のある」という意味にもなります。

⑶　正解は dur です。この問題は **A**、**B** ともに慣用表現が用いられています。**A** の être dur d'oreille は「耳が遠い」という意味で、**B** の être dur à cuire は話しことばで「手ごわい、したたかだ」という意味になります。文意はそれぞれ「その老人は耳が遠かった」、「彼（女）の同僚はしたたかだ」となります。なお、「耳が遠い」は avoir l'oreille dure と表現することもあります。

⑷　正解は aigu です。**A** では「急性の」、**B** では「するどい、かんだかい」という意味で用いられています。文意はそれぞれ「この症状はその病気の急性期に特徴的なものだ」、「彼女はとてもするどい叫び声をあげたので、みんながふりかえった」となります。aigu の基本的な意味は「（先端が）とがった、するどい」であり、派生的な意味としては「（感情が）はげしい」、「（状況が）深刻な」、「（知性が）鋭敏な」などがあります。

解答　⑴ large　⑵ massif　⑶ dur　⑷ aigu

筆記試験 2

練習問題 4

次の(1)～(4)について、**A**、**B**の（　　）内には同じつづりの語が入ります。（　　）内に入れるのにもっとも適切な語（各1語）を、解答欄に書いてください。

(1) **A** Tous les enfants bénéficient d'une (　　　) sociale.

　　B Une célèbre actrice italienne fait la (　　　) du dernier numéro de ce magazine.

(19)

(2) **A** Attention, il essaie de vous jouer un (　　　) !

　　B Cette affaire peut, à son (　　　), être la source d'une nouvelle brouille.

(20)

(3) **A** Avec un sol aussi pauvre et pierreux, aucune (　　　) n'est possible.

　　B Cet examen demande une solide (　　　) générale.

(20)

(4) **A** Je ne sais pas combien de (　　　) il faut par jour pour un nouveau-né.

　　B Les (　　　) géologiques de cette région sont particulièrement riches en fossiles.

(23)

解説 名詞の出題例です。

(1) 正解は couverture です。**A** では「（保険などの）保証範囲」、**B** では「表紙、カバー」の意味で用いられています。文意はそれぞれ、「すべての子どもが社会保険の適用を受けている」、「イタリアの有名女優がその雑誌の最新号の表紙を飾った」となります。couverture は動詞 couvrir「おおう」の派生語で、**B** では文字どおり雑誌を「覆うもの」つまり「カバー」、**A** ではや

31

仏検公式ガイドブックセレクション 1 級（2019-2023）

や抽象的に、社会保険制度によって「カバーされている範囲」を表わしますが、広い意味での couverture sociale は（社会保険や公的扶助といった）「社会保障」全般を指す術語と考えてよいでしょう。

⑵　正解は tour です。**A** では「策略、いたずら」、**B** では「順番」という意味で用いられています。文意はそれぞれ、「気をつけなさい、彼はあなたに一杯食わせようとしていますよ」、「その件が今度は新たな不和の種になりかねない」となります。**A** は jouer (faire) un tour à *qn* の形で成句をなしており、jouer un petit tour は「ちょっとしたいたずらをする」、jouer un mauvais tour は「悪ふざけをする」、また Le tour est joué ! であれば「うまくひっかかった」の意になります。**B** の à son tour は C'est mon tour !「私の番だ」などと同じ用法で、この意味では多く所有形容詞とともに使われます。動詞 tourner から派生した男性名詞の tour は、un lac de six kilomètres de tour「1 周 6 キロメートルの湖」のように「周囲（の長さ）」を示したり、« Le Tour du monde en quatre-vingts jours »「80 日間世界一周」のように「一回り」の意で用いるのが一般的ですが、問題文のほかにも、tour d'adresse「早業」や tour de phrase「言い回し」など、さまざまな成句的な表現で使われる多義語の 1 つです。

⑶　正解は culture です。**A** では「耕作、栽培」、**B** では「教養、造詣」の意味で用いられています。文意はそれぞれ、「これほどやせて石ころだらけの土地では耕作はできない（どんな作物も育たない）」、「この試験はたしかな一般教養を要する」となります。la culture des moules「ムール貝の養殖」や le bouillon de culture「培養液」のような表現も **A** のカテゴリーと考えてよいでしょう。

⑷　正解は couches です。**A** では「おむつ、おしめ」、**B** では「地層」の意味で用いられています。文意はそれぞれ「新生児には 1 日に何枚のおむつが必要か、私にはわからない」、「この地域の地層にはとりわけたくさんの化石がふくまれている」となります。couche は「層」を表わしますが、日常語としては「おむつ」を意味することも覚えておきましょう。changer les couches「おむつを替える」のように用います。

解答　⑴ couverture　　⑵ tour　　⑶ culture　　⑷ couches

32

筆記試験 3

3

　前置詞の問題です。文中の空欄に該当する前置詞を、8つの選択肢から選んで解答します。選択式といっても、前置詞の場合、おおよその文意だけではどれを用いるか判断できないケースも多く、解答は容易ではありません。出題される前置詞の用法は多岐にわたっており、汎用性の高い基本的な前置詞については、辞書にあたっておもな用法を確認しておく必要があります。

　そうした前置詞の単独での用法のほか、最近の出題から例をあげれば、

　　de la sorte「そのように、そんなふうに」（→ **練習問題 1** (4)）
　　pour autant「しかし、だからといって」（→ **練習問題 2** (1)）
　　être de rigueur「（習慣や規則によって）義務として課せられている」
　　　　　　　　　　　　　　　　　　　　　　　　　（→ **練習問題 3** (1)）
　　sous peine de + *inf.*「～することを避けるために」（→ **練習問題 3** (2)）

など、**基本的な語彙と結びついた成句的表現**のほか、

　　compter avec「～を考慮する」
　　composer avec「～と折り合いをつける」

といった、基本動詞の**間接他動詞**としての用法にも注意が必要です。

　このほか、以下のような、現在分詞や過去分詞を転用した特殊な前置詞が出題されることもあります。

　　attendu「～のゆえに」
　　moyennant「～によって、～と引きかえに」
　　passé「～を過ぎると」
　　touchant「～に関する」
　　vu「～なので、～を考慮に入れて」

33

仏検公式ガイドブックセレクション1級 (2019-2023)

練習問題1

次の(1)〜(4)の（　　）内に入れるのにもっとも適切なものを、下の①〜⑧のなかから1つずつ選び、解答欄のその番号にマークしてください。ただし、同じものを複数回用いることはできません。

(1) Ceux qui paient les conséquences de la crise n'y sont souvent (　　　) rien.

(2) Le temps est (　　　) la pluie.

(3) Ma fille compte encore (　　　) ses doigts.

(4) Pourquoi s'est-il conduit (　　　) la sorte ?

　　① à　　　　② contre　　　③ dans　　　④ de
　　⑤ en　　　　⑥ par　　　　⑦ pour　　　⑧ sur

(19)

解説

(1) Ceux qui paient les conséquences de la crise n'y sont souvent (pour) rien.「危機の影響をもっとも受けるのは、多くの場合それにはまったく責任のない人々だ」

この文では n'être pour rien dans *qc*「〜に対してはなんの責任ももたない」という意味の成句表現が用いられており、pour が正解です。たとえば Je n'y suis pour rien. は「私のせいではない」ということですが、仮に問題文を代名詞を用いずに書きなおせば、Ceux qui paient les conséquences de la crise ne sont souvent pour rien dans cette crise. となり、ここでは dans cette crise の部分が y に置きかえられていると考えればよいでしょう。

(2) Le temps est (à) la pluie.「雨になりそうだ」

「状態」を示す前置詞 à の用例の1つですが、この用法は「（現に）〜の状態にある」という「現状」を示す場合と、「〜の状態に向かいつつある」という意味で「変化の方向」を示す場合があり、たとえば être à la diète「節食している」、être aux abois「追い詰められている（窮地におちいっている）」

34

筆記試験 ③

などは前者ですが、問題文は空模様が「雨に向かっている」（現状ではまだ
雨は降っていない）ということですから、後者の用法に相当します。

⑶　Ma fille compte encore (sur) ses doigts.「私の娘はまだ指を折って数え
ている」

compter sur ses doigts は「指を使って数える」の意ですが、これとよく
似た compter *qc* sur les doigts de la main (d'une seule main) は「片手で数
えられるほどの数」つまり「ごくわずかな数」しかない、という意味で用い
ます。compter (calculer) de tête「暗算をする」などの表現もあわせて覚え
ておくとよいでしょう。

⑷　Pourquoi s'est-il conduit (de) la sorte ?「どうして彼はそのようにふる
まったのだろう」

de が正解で、de la sorte は「そのように、そんなふうに」という意味で
用います。sorte はここでは「仕方、方法」の意で、de la sorte のかわりに
de cette sorte と言ってもほぼ同じです。やや古風な言い方になりますが、
de la bonne sorte、de belle sorte は「立派に、申し分なく」、en aucune sorte
は否定の ne とともに用い、「まったく（～ではない）」という意味で使われ
ます。Elle n'est contente en aucune sorte.「彼女は少しも満足していない」

解答　⑴ ⑦　　⑵ ①　　⑶ ⑧　　⑷ ④

35

仏検公式ガイドブックセレクション1級（2019-2023）

練習問題 2

次の(1)～(4)の（　　）内に入れるのにもっとも適切なものを、下の①～⑧のなかから1つずつ選び、解答欄のその番号にマークしてください。ただし、同じものを複数回用いることはできません。

(1)　Il se dévoue entièrement à son travail, sans (　　　) autant gagner des millions.
(2)　L'eau de cette fontaine jaillit (　　　) jolies cascades.
(3)　Le radiateur est (　　　) fond. On ne peut pas chauffer plus.
(4)　Nous avons obtenu ces renseignements (　　　) le truchement de l'Ambassade.

　　①à　　　　②dans　　　③derrière　　④en
　　⑤par　　　⑥pour　　　⑦sous　　　　⑧sur

(20)

解説

(1)　Il se dévoue entièrement à son travail, sans (pour) autant gagner des millions.「彼はすっかり仕事に身をささげているが、だからといって大金を稼いでいるわけではない」

　この文では pour autant「しかし、だからといって」という意味の成句表現が使われており、pour が正解です。pour autant は疑問または否定の表現とともに用いられ、たとえば Bien qu'on y ait beaucoup réfléchi, le problème n'a pas été résolu pour autant. は「ずいぶん考えたが、それでも問題は解けなかった」の意です。問題文は sans を用いた否定表現のため、前置詞がつづくことにとまどうかもしれませんが、sans gagner des millions と pour autant という2つの表現が組み合わされていると理解すればよいでしょう。

(2)　L'eau de cette fontaine jaillit (en) jolies cascades.「噴水の水は美しい滝

36

となってほとばしっている」

　様態を表わす en が正解です。en cascade は「滝のようになって」の意で、un torrent qui tombe en cascade「滝となって落ちる急流」のように用います。問題文では文字どおりの滝（水の流れ）を指していますが、en cascade は比喩的に「次から次に」という意味でも用いられ、Les difficultés sont arrivées en cascade. は「困難は次から次へともちあがった」の意になります。

⑶　Le radiateur est (à) fond. On ne peut pas chauffer plus.「ラジエーターは目一杯きいている。これ以上は暖められない」

　à fond は「完全に、徹底的に」の意味で、ここでは暖房機器のラジエーターの温度調節が上限に達している状態を指しています。Il connaît la question à fond. は「彼は問題を熟知している」、respirer à fond は「深呼吸する」の意です。なお、au fond は別の表現で、「じつは、実際は」という意味で使います。

⑷　Nous avons obtenu ces renseignements (par) le truchement de l'Ambassade.「大使館を通じて私たちはそれらの情報を得た」

　truchement は「仲介（者）」の意で、par le truchement de は「～を介して、～を通して」という意味の文章表現になります。「人」についても「もの」についても用いられ、「人を介して」の場合は par l'intermédiaire de とほぼ同義ですし、「事物を通して」であれば au moyen de で言いかえることができます。

解答　⑴ ⑥　　⑵ ④　　⑶ ①　　⑷ ⑤

仏検公式ガイドブックセレクション 1 級（2019-2023）

練習問題 3

　次の (1)〜(4) の（　　）内に入れるのにもっとも適切なものを、下の①〜⑧のなかから 1 つずつ選び、解答欄のその番号にマークしてください。ただし、同じものを複数回用いることはできません。なお、①〜⑧では、文頭にくるものも小文字にしてあります。

(1)　Dans un établissement religieux, une tenue correcte est （　　） rigueur.

(2)　La pomme de terre nouvelle doit être consommée dans les deux ou trois jours （　　） peine de se ramollir.

(3)　Nous en sommes （　　） nos frais.

(4)　（　　） tout le respect que je vous dois, je ne peux accepter une telle idée.

① avec　　② dans　　③ de　　④ en
⑤ par　　⑥ pour　　⑦ sous　　⑧ sur

(21)

解 説

(1)　Dans un établissement religieux, une tenue correcte est (de) rigueur.「宗教施設においては、ふさわしい服装を着用せねばならない」

　être de rigueur で、「（習慣や規則によって）義務として課せられている」という意味になります。設問文のように名詞を主語にする用例のほか、非人称主語を用いて il est de rigueur de + *inf.*「〜することが義務づけられている、かならず〜しなければならない」といった用例もあります。ちなみに、名詞 rigueur は、前置詞 à と定冠詞をともなう à la rigueur という表現になると「最大限譲歩して、やむをえない場合は」という意味になります。

(2)　La pomme de terre nouvelle doit être consommée dans les deux ou trois jours (sous) peine de se ramollir.「新じゃがは 2、3 日以内に食べなければならない。さもなければ柔らかくなってしまう」

38

筆記試験 3

sous peine de + *inf.* で「～することを避けるために」という意味になります。一方、sous peine de + *qc* のように、de のあとに名詞がつづく場合は、「（違反すれば）～の刑に処するものとして」という意味になります。また、sous peine que「～しないように」という表現は、従属節で接続法を要求することも覚えておきましょう。ちなみにこの表現を用いると、設問文は Vous devez consommer la pomme de terre nouvelle dans les deux ou trois jours sous peine qu'elle se ramollisse. と書きかえられます。

(3) Nous en sommes (pour) nos frais.「私たちの骨折り損ということだ」

　この文では en être pour ses frais「むだ金を使う、むだ骨を折る」という意味の成句表現が用いられており、pour が正解です。同様の意味でほぼ同形の成句に en être pour sa peine があります。名詞 frais「費用」を用いる場合は複数名詞、名詞 peine「苦労」を用いる場合は単数名詞になりますので注意しましょう。名詞 frais には具体的な金銭上の「費用」という意味のほかに「苦労、骨折り」という比喩的な意味もあり、à grands frais なら「大変苦労して」、arrêter les frais なら「むだな骨折りをやめる」という意味になります。

(4) (　　　　) tout le respect que je vous dois, je ne peux accepter une telle idée.「大変失礼ながら、そのような考えはお認めできません」

　この文では、avec le respect que je vous dois「失礼ですが」という意味の成句表現が用いられており、avec が正解です（tout はここでは強調の意味）。相手の気分を害する可能性がある発言をする際に、会話のクッションとして、le respect que je vous dois「私があなたにはらうべき敬意」を自分はしっかりともっている、と前もって相手に伝えておくための表現です。この成句表現は avec のかわりに sauf を用いることも多く、もっと短く sauf votre respect とだけ表現されることもあります。この表現には、古いフランス語で前置詞 sauf に「～を損なわずに」という意味があったことのなごりが認められます。現代のフランス語でも、Votre honneur reste sauf.「あなたの名誉は損なわれていない」という表現に見られるように、sauf には形容詞として「損なわれていない、無傷である」という意味があります。自分の発言は気にさわるかもしれないが、そのことであなたの尊厳を傷つける意図はない、ということを伝えるための表現です。

解答　(1) ③　　(2) ⑦　　(3) ⑥　　(4) ①

39

仏検公式ガイドブックセレクション1級（2019-2023）

練習問題4

　次の(1)〜(4)の（　　）内に入れるのにもっとも適切なものを、下の①〜⑧のなかから1つずつ選び、解答欄のその番号にマークしてください。ただし、同じものを複数回用いることはできません。なお、①〜⑧では、文頭にくるものも小文字にしてあります。

(1)　En proie (　　　) l'insomnie, la malheureuse s'est affaiblie.

(2)　Ma fille sait très bien me prendre (　　　) les sentiments.

(3)　Quand on discute de politique, Christian est toujours (　　　) la défensive.

(4)　(　　　) sa situation actuelle, il vaut mieux le laisser tranquille.

　　① à　　　　　② après　　　③ de　　　④ en
　　⑤ moyennant　⑥ par　　　　⑦ sur　　　⑧ vu

(23)

解説

(1)　En proie (à) l'insomnie, la malheureuse s'est affaiblie.「不眠症におそわれて、不幸な女は衰弱した」

　proie は「獲物、餌食」、en proie à *qc* は「〜のいけにえになって」、「（激しい感情）におそわれた」という意味の熟語表現です。proie を使ったほかの表現として、oiseau de proie「猛禽」も覚えておきましょう。

(2)　Ma fille sait très bien me prendre (par) les sentiments.「私の娘は、私の情にうったえるすべをよく心得ている」

　この par は「〜のところを」というように場所を表わす基本的な用法で、prendre *qn* par le bras なら「〜の腕をつかむ」となります。prendre *qn* par les sentiments は「情にうったえて〜の心をつかむ」という意味になります。

40

筆記試験 3

⑶　Quand on discute de politique, Christian est toujours (sur) la défensive.
「政治について議論するとき、Christian はいつも身がまえる」

　　défensive は「防衛、防御」を意味する語で、être (rester / se tenir) sur la
défensive は「防御態勢をととのえる、身がまえる」という意味の成句です。

⑷　(Vu) sa situation actuelle, il vaut mieux le laisser tranquille.「現在の彼
の状況を考慮すれば、彼をそっとしておくのがよいだろう」

　　前置詞 vu は「～から見て、～を考慮に入れると」という意味になります。
〈vu que ＋直説法〉「～なので」という用法もあります。

解答　⑴ ①　　⑵ ⑥　　⑶ ⑦　　⑷ ⑧

41

4

　時事用語や常用語についての知識を問う問題です。出題の範囲は政治・経済・文化・社会・日常生活など広範にわたり、なかには複数領域にまたがるものもあります。この問題で問われる表現は、フランスのメディアに日常的に接していれば、また、フランスでの日常生活になじんでいれば、いずれも、ある程度見覚えのあるものかもしれません。ただし、日本語とは発想のことなる言い方も多く、この問題では、そうした発想の「ずれ」に意識的な視線を向けているかどうかが問われることになります。

　過去の出題の傾向を見ると、

　　le (collectif) budgétaire「補正予算案」(13)
　　le (blanchement) d'argent「マネーロンダリング」(14)
　　l'(exercice) comptable「会計年度」(16)
　　un (paradis) fiscal「タックスヘイブン」(17)
　　le (détournement) de fonds publics「公金横領」(17)

など、経済分野の用語がめだちます。また、

　　un écran (tactile)「タッチパネル」(13)
　　le régalage par (défaut)「初期設定」(15)

など、コンピューターやIT関連の用語の出題もあります。さまざまな話題を扱った文章を幅ひろく読み、目を引いた用語についてはそのつど日本語との対応を確認しておくとよいでしょう。

筆記試験 4

練習問題 1

次の (1) ～ (5) の日本語の表現に対応するフランス語の表現はなんですか。
（　　）内に入れるのにもっとも適切な語（各 1 語）を、解答欄に書いてく
ださい。

(1) 緩衝国　　　　　　　　　un État（　　　　　）　　　　　　　　　(19)
(2) 先物取引　　　　　　　　une opération à（　　　　）　　　　　　(19)
(3) 車の減価償却　　　　　　l'（　　　）d'une voiture　　　　　　　(20)
(4) クラウドファンディング　le financement（　　　　）　　　　　　(21)
(5) 背任　　　　　　　　　　l'（　　　）de confiance　　　　　　　　(21)

解説　まず、政治や経済に関する用語について見てみましょう。

(1)　複数の大国の間に位置し、大国同士の衝突を防ぐ役割をはたしている
「緩衝国」は、フランス語では un État (tampon) といいます。男性名詞
tampon の原義は「詰めもの、栓」ですが、そこから「緩衝」の意が派生し、
ここではこの語が形容詞的に用いられていることになります。zone tampon
「緩衝地帯」も同じ用法です。

(2)　「先物取引」は、une opération à (terme) といいます。まだ収穫されて
いない作物や、価格のきまっていない未来の株を売買する「先物取引」とは、
将来の一定の期日に、特定の商品を現時点で取りきめた価格で引き渡すこと
を定めた売買取引ですが、この「期日」にあたるのが terme です。同じ意味
で、compte à terme「定期預金」、règlements à terme「期日決済」などの言
い方もよく目にします。

(3)　「減価償却」は amortissement の語を用います。動詞 amortir にも「緩和す
る、償却する」の意味があり、Les frais de construction de l'usine s'amortiront
en trois ans.「工場の建設費は 3 年で償却できる」のように用います。同じ
動詞から派生した男性名詞 amortisseur は自動車などに使われるショック・
アブソーバー（緩衝装置）を指し、「減価償却」の意味はありません。

(4)　「クラウドファンディング crowdfunding」とは不特定多数（crowd「群

43

仏検公式ガイドブックセレクション 1 級 (2019-2023)

衆」）から出資（funding「資金調達」）を募るという意味の英語の造語で、フランス語では le financement (participatif) といいます。直訳すれば「参加型資金調達」となりますが、インターネット上で提案されるプロジェクトに共感した人々が共同で出資をするというシステムはまさに「参加型」と言えます。

⑸「背任」は l'(abus) de confiance といい、委託された業務を遂行するために貸与された金品や情報などを、本来の業務以外の用途に流用することを指します。背任は l'abus d'autorité「職権濫用」、l'abus de pouvoir「越権行為」、l'abus de biens sociaux「横領」などと同様、刑法上の用語です。abus de「～の濫用」という表現は日常のフランス語でも使用され、l'abus de tabac「タバコの吸いすぎ」、l'abus d'alcool「アルコールの飲みすぎ」などの表現は一般的です。

解答 ⑴ tampon　　⑵ terme　　⑶ amortissement
⑷ participatif　　⑸ abus

44

筆記試験 4

練習問題 2

次の (1) ～ (5) の日本語の表現に対応するフランス語の表現はなんですか。
（　　）内に入れるのにもっとも適切な語（各 1 語）を、解答欄に書いてく
ださい。

(1) 国際捕鯨委員会　　　la Commission (　　　　) internationale

(20)

(2) 警官隊　　　　　　　les forces de l'(　　　　)　　(22)

(3) 食品ロス　　　　　　le (　　　　) alimentaire　　(22)

(4) 風力エネルギー　　　l'énergie (　　　　)　　　　(22)

(5) アフターピル　　　　la pilule du (　　　　)　　　(23)

解説　次に、文化や社会にかかわる用語、時事用語を見てみましょう。

(1) 「国際捕鯨委員会」は la Commission (baleinière) internationale といい
ます。baleine「鯨」の形容詞形は baleinier です。「捕鯨船」は un navire
baleinier、「捕鯨産業」は l'industrie baleinière です。

(2) 「警官隊」は les forces de l'(ordre) といいます。ordre はひじょうに多
くの意味がある多義語で、ここでは「秩序、治安」の意味です。フランスに
は治安維持組織として la police「警察」と la gendarmerie「憲兵隊」があり
ますが、les forces de l'ordre はその両方を指します。

(3) 「食品ロス、フードロス」は le (gaspillage) alimentaire といいます。
gaspillage は「無駄づかい、浪費」を表わす語で、gaspillage de l'argent public
は「公金の無駄づかい」、gaspillage de talent は「才能の浪費」という意味
になります。

(4) 「風力エネルギー」は l'énergie (éolienne) といいます。エネルギーに関
する類似表現としては l'énergie géothermique「地熱エネルギー」、l'énergie
hydraulique「水力エネルギー」などがあります。「風による」という形容詞
éolien は、ギリシャ神話の風の神アイオロス (Éole) を語源とします。

45

仏検公式ガイドブックセレクション1級 (2019-2023)

(5) 「アフターピル（緊急避妊薬)」は la pilule du (lendemain) といいます。pilule はもともと「丸薬」を意味しますが、とくに la pilule contraceptive「経口避妊薬」を指します。なお、「緊急避妊」は la contraception d'urgence です。

解答 (1) baleinière (2) ordre (3) gaspillage
(4) éolienne (5) lendemain

筆記試験 4

練習問題 3

　次の(1)〜(5)の日本語の表現に対応するフランス語の表現はなんですか。
(　　)内に入れるのにもっとも適切な語（各1語）を、解答欄に書いてください。

(1) 二卵性双生児　　　　　des (　　　　) jumeaux　　　　　　(19)

(2) メインディッシュ　　　le plat de (　　　)　　　　　　　(19)

(3) ひったくり　　　　　　le vol à l'(　　　　)　　　　　　　(20)

(4) 棒高跳び　　　　　　　le saut à la (　　　)　　　　　　(21)

(5) 管楽器　　　　　　　　les instruments à (　　　　)　　(22)

解説　おもに日常生活のなかで使われる用語の問題です。

(1)　「二卵性双生児」は、des (faux) jumeaux といいます。形容詞 faux が複数形の名詞に先行するため文法的には de faux jumeaux となるはずですが、実際の用例では不定冠詞は des、de どちらも可能です（de を用いるとやや改まった言い方になり、日常的には des でかまいません）。faux jumeaux とは「一卵性双生児」すなわち vrais jumeaux に対する言い方で、女性の場合はそれぞれ fausses jumelles、vraies jumelles となります（ちなみに一卵性双生児はかならず同性です）。

(2)　「メインディッシュ」は、le plat de (résistance) といいます。1回の食事の中心となる料理のことで、次の食事までお腹をもたせることから résistance の語を用います（これに対応する形容詞 résistant にも「長もちする」という意味があります）。plat principal と言うこともありますし、たとえば entrée、plat、dessert の3つで構成されるコースであれば、plat だけで「メインディッシュ」の意になります。ちなみに plat は「皿」のことですが、ここでは「皿に盛った料理」を指し、このように容器によってその内容を指すなど、あるものを示すのにそれと関連の深い別のものを用いる言い方を métonymie「換喩」と呼んでいます。

(3)　「ひったくり」は le vol à l'(arraché) といいます。à l'arraché は「力ず

47

仏検公式ガイドブックセレクション1級 (2019-2023)

くで、腕ずくで」の意で、le vol à l'arrachée とつづることもあります。複数形では les vols à l'arraché (à l'arrachée) となり、vol にのみ複数語尾の s を付けます。店内での「万引き」は le vol à l'étalage、「すり行為」は le vol à la tire あるいは le vol par pickpockets といい、人としての「すり」を指す場合は pickpocket を用います。

⑷ 「棒高跳び」は le saut à la (perche) といいます。棒高跳びで競技者が使用する細長い棒をフランス語では perche といい、この場合の前置詞の à は手段を表わしています。同様の構成のスポーツ関連の名称として le saut à la corde「なわ跳び」、le saut à l'élastique「バンジージャンプ」、le saut à ski「スキージャンプ」があります。le saut en hauteur であれば「走り高跳び」という競技名になります。なお、高跳び競技において競技者がクリアすべき「バー」を表わすフランス語は barre です。

⑸ 「管楽器」は les instruments à (vent) といいます。楽器の種類を表わす類似表現としては、les instruments à cordes「弦楽器」、les instruments à clavier「鍵盤楽器」、les instruments à percussion「打楽器」などがあげられます。

解答 (1) faux　　(2) résistance　　(3) arraché / arrachée
(4) perche　　(5) vent

5

　文の流れをたどりながら、空欄部分に該当する**動詞を選択し、適切な形にしておぎなう**問題です。解答には活用の型、自動詞・他動詞の別、前置詞との結びつきなど、動詞の意味・用法に関する正確な知識のほか、前後の文脈を勘案した法や時制の判断が欠かせません。以下、いずれも基本的なものばかりですが、出題傾向をふまえ、注意すべき用法をあげておきます。

◎過去時制の用法

1）複合過去・単純過去と半過去

　　Nous <u>sommes revenus</u> de vacances parce que nous n'<u>avions</u> plus d'argent.「私たちは資金が尽きたのでバカンスからもどった」

　　J'<u>attendais</u> l'arrivée des pompiers. Je n'<u>ai pas pu</u> sortir.「私は消防隊の到着を待っていた。外に出ることはできなかった」

　　複合過去・単純過去と半過去が併用される場合、**半過去は複合過去・単純過去によって提示される行為や出来事の背景となる状況や事情**を示します。上記の例では、それぞれ nous sommes revenus と je n'ai pas pu sortir が出来事ないし行為（複合過去）、nous n'avions plus d'argent と j'attendais がその背景をなす状況（半過去）に相当します。

　　→ 練習問題 2 (3)、練習問題 5 (4)

2）大過去

　　他の過去時制との関係で**先立性**を示す

　　L'enfant portait un plâtre au bras gauche. Il <u>avait glissé</u> d'une balançoire.「子どもは左腕にギプスをしていた。ぶらんこから落ちたのだ」

　　大過去 avait glissé はここでは前の文の半過去 portait によって示される過去の状況に対する先立性を示しています。また「ぶらんこから落ちた」は、男の子がギプスをしていることの理由を述べたものとも解され、この例のように、大過去は、過去時制による叙述に対し、その理由を提示する役割を担うことがあります。

仏検公式ガイドブックセレクション1級（2019-2023）

→ **練習問題 1** (2)、**練習問題 3** (1)、**練習問題 4** (3)

3）条件法過去

・過去において実現しなかった行為や出来事を示す（**非現実**）

Je l'ai retenue par le bras, sinon elle serait tombée.「私は彼女の腕を支えた。さもなければ彼女は倒れていただろう」

・過去の出来事に関する情報の確実性について留保を示す（**不確実**）

L'avion s'est écrasé à l'atterrissage : le pilote n'aurait pas respecté les consignes de la tour de contrôle.「飛行機は着陸時に墜落した。パイロットが管制塔の指示にしたがわなかった模様」（= On pense que le pilote n'a pas respecté les consignes.）

同様に、条件法現在は現時点での情報や見通しを不確実なものとして提示する場合に用います。

→ **練習問題 5** (1)

◎不定法

単純形は**同時性**、複合形は**完了**を示す

Tu n'as pas honte de mentir ?「嘘をつくのは恥ずかしくない ?」

Tu n'as pas honte d'avoir menti ?「嘘をついたことが恥ずかしくない ?」

とりわけ前置詞 après のあとで不定詞の複合形を用い、出来事の前後関係を明示する用法は、この問題でもしばしば出題されています。

◎分詞構文

La direction refusant / ayant refusé nos propositions, nous continuons la grève.「経営者側がわれわれの提案を拒否している / 拒否したので、ストを続行する」

この例のように、分詞を comme、puisque などの接続詞のかわりに用いる構文はしばしば目にするものですが、不定詞と同様、分詞の場合も同時性を示すのか、それとも完了を示すのかによって、**単純形と複合形**を使い分けることになります。

→ **練習問題 3** (4)、**練習問題 5** (3)

50

筆記試験 5

練習問題 1

　次の文章を読み、（　1　）〜（　5　）に入れるのにもっとも適切なものを、下の語群から1つずつ選び、必要な形にして解答欄に書いてください。ただし、同じものを複数回用いることはできません。

　Les travailleurs d'un chantier se sont donné des vacances imprévues. Sous un village palestinien près d'Hébron, des dizaines de tombes （　1　） de l'époque romaine ont été découvertes, a annoncé un responsable du chantier. Il a expliqué qu'on （　2　） au jour le cimetière lors de travaux sur une route de la zone.

　Nabil Jabra, directeur du département du Tourisme et des antiquités d'Hébron, exhibe des morceaux d'os et de poterie retrouvés sur le site. Les ossements d'une centaine de personnes, près de 500 poteries et 32 tombes en pierre ont été trouvés. « Les archéologues estiment cependant possible que des voleurs （　3　） certains objets avant la découverte officielle du site », a déclaré le directeur. Le cimetière est vaste et les tombes （　4　） sur une cinquantaine de mètres. « Il est très important pour nous de les étudier et de les conserver », a continué Nabil Jabra. « On espère faire du site une attraction touristique », a-t-il ajouté, tout en assurant que les études （　5　） pour préciser l'importance historique de cette découverte.

compter	dater	emporter	mettre
remonter	répartir	s'épargner	se poursuivre

(19)

51

仏検公式ガイドブックセレクション１級（2019-2023）

解説 工事現場で発見された古代の墓地の話です。本文では発掘の状況や出土品に関する専門家の見解、今後の見通しなどが順に述べられています。

(1) Sous un village palestinien près d'Hébron, des dizaines de tombes (1) de l'époque romaine ont été découvertes, a annoncé un responsable du chantier.

　出題の文章は、Les travailleurs d'un chantier se sont donné des vacances imprévues.「工事現場の労働者たちは予期しない休暇をもらうことになった」という書き出しで始まります。この文は、古代墓地の発見により、工事が中断を余儀なくされたという事情をやや回りくどい言い方で述べたものですが、つづく空欄 (1) をふくむ文では、工事関係者の説明を引用する形で、Hébron 近郊のパレスチナの村で「地下から何十もの墓が発見された」という事実が明らかにされています。空欄 (1) 以下の部分は、文法上、形容詞句として主語の des dizaines de tombes にかかることから、(1) に該当する動詞の語形は現在分詞あるいは過去分詞のどちらかになることが予想されます。選択肢のうち、前後の文意に合うのは dater で、この動詞がここでは前置詞 de とともに「〜の時代にさかのぼる」という意味の自動詞として用いられていると考えれば、現在分詞形の (datant) が正解です（des dizaines de tombes (datant) de l'époque romaine「ローマ時代にさかのぼる何十もの墓」）。なお、dater にはもう１つ、出来事などの「年代を推定（確定）する」という意味の他動詞としての用法があり、(1) に関しては、過去分詞形の (datées) も正解となります（des dizaines de tombes (datées) de l'époque romaine「ローマ時代のものとされる（ローマ時代のものである）何十もの墓」）。この場合、過去分詞は dizaines に合わせるのか、それとも tombes と一致させればよいのか迷うところですが、問題文ではすぐあとに ont été découvertes という受動態の記述があるため、過去分詞 découvertes の語形に合わせ、(1) についても女性複数形の datées を用いればよいことがわかります。

(2) Il a expliqué qu'on (2) au jour le cimetière lors de travaux sur une route de la zone.

　前の文につづき、工事の責任者による説明という形で、墓地が発見された具体的な状況が述べられています。説明の内容が「Hébron 周縁の道路工事の際に墓地が発見された」となることはすぐに見当がつきますが、空欄のあ

52

筆記試験 5

との au jour に注目すれば、ここでは mettre au jour という言い方で「発見」の事実が述べられていると考えればよいでしょう。墓地がみつかったのは工事の責任者による説明よりも前の出来事ですから、主節の複合過去 a expliqué に対する先立性を示す大過去 (avait mis) が正解です。ただし、「墓地が発見された」と「工事の責任者が説明をおこなった」という 2 つの出来事の前後関係は明らかなので、あえて時制の区別をせず、(2) に主節と同じ複合過去 (a mis) を用いることも可能です。

⑶ « Les archéologues estiment cependant possible que des voleurs (3) certains objets avant la découverte officielle du site », a déclaré le directeur.

　第 2 段落では、Hébron の観光部門の責任者である Nabil Jabra によって、現場から発見された骨や陶器の破片が公開されているという説明があり、その内容は約 100 体の人骨と 500 近い陶器、32 の墓石におよぶことが述べられています。空欄 (3) をふくむ文は、Nabil Jabra の説明を引用したもので、その内容が「しかしながら、考古学者たちは、墓地の公式発見以前に、いくつかの品が盗掘者によって持ち去られていた可能性もあると考えている」となることがわかれば、空欄には emporter「持ち去る」をあてはめることができます。この場合、考古学者たちが単に「～と考えている」という記述の仕方、つまり les archéologues estiment que であれば que 以下には直説法が用いられますが、本文は les archéologues estiment possible que「考古学者たちは～の可能性もあると考えている」ですから、il est possible que のような表現と同様、que 以下の動詞には接続法が要求されることになります。考古学者たちがここで問題にしているのは、いくつかの品がすでに「持ち去られていた」可能性なので、「完了」を示す接続法過去 (aient emporté) が正解です（現在形の *emportent* では、「未完了」を示すことになり、「公式発見以前に持ち去られる可能性がある」という意味の通らない記述になってしまいます）

⑷ Le cimetière est vaste et les tombes (4) sur une cinquantaine de mètres.

　ここでは発掘された墓地のようすが説明されています。空欄の前が les tombes「墓」、また空欄のあとには sur une cinquantaine de mètres「およそ 50 メートルにわたって」という記述があるので、(4) に相当するのは、たとえば「（墓が）ならんでいる」といった、空間的な位置関係を示す動詞

53

になるはずですが、これに類するものを選択肢からさがせば、répartir「分散する、分けて配置する」が目にとまります。問題文では les tombes が文の主語、また répartir は他動詞ですから、ここでは受動態の構文が用いられていることになり、過去分詞 réparti を tombes に合わせて女性複数形にした (sont réparties) が正解です（「墓地は広大で、およそ 50 メートルにわたって墓が分散している」）。

⑸ « On espère faire du site une attraction touristique », a-t-il ajouté, tout en assurant que les études （　5　） pour préciser l'importance historique de cette découverte.

　最後の文では、ふたたび Nabil Jabra の発言が引用されています。「われわれはこの場所を観光の目玉の 1 つにしたいと願っています」と述べる Nabil Jabra は、一方で、「今回の発見の歴史的重要性」を明らかにするための研究の必要性にも言及しており、（　5　）には les études「研究」が「おこなわれる」あるいは「進められる」という意味の動詞が該当します。選択肢のうち、この条件にあてはまるのは「継続しておこなわれる」という意味の se poursuivre ですが、空欄部分は従属節のなかにあり、また主節の動詞に過去時制が用いられていることから、（　5　）については、時制の照応の原則にしたがって動詞の時制を考えなければなりません（que 以下の従属節をみちびいているのは厳密には複合過去の a-t-il ajouté ではなく、ジェロンディフ tout en assurant として用いられている assurer ですが、このジェロンディフは、たとえば mais il a également assuré のように、a-t-il ajouté と同じ複合過去で言いかえることができます）。問題文の場合、「研究が継続される」のは、（発言の時点から見て）未来に属す出来事になるため、「過去から見た未来」を示す条件法現在の (se poursuivraient) が正解となります（「（Nabil Jabra は）今回の発見の歴史的重要性を明らかにするために今後も研究が継続されることを請け合う一方、「この場所を観光の目玉の 1 つにしたいと願っています」とも付け加えた」）。主節が過去の文で、従属節の内容が「過去から見た未来」を表わす場合、従属節の動詞は条件法現在を用いる、という時制の一致の規則を確認しておきましょう。

　なお、時制の照応に関する上の原則には例外があり、「過去から見た未来」が**現在から見ても未来**にあたる場合、次の例のように、直説法半過去や単純未来によって「過去における未来」を表わすことがあります（朝倉・木下『新

フランス文法事典』による）。

❶ Il m'a écrit qu'il viendrait (venait) demain.

❷ Il m'a affirmé qu'il viendra sûrement demain.

❶では、半過去 venait を用いた場合、条件法現在の viendrait よりも「過去から見た未来」の確実性が強調され、また単純未来は、**❷**の viendra のように、話者の意見として確実性を強調するときに限って用いられます。これを問題文にあてはめると、「研究が継続される」のは、この文章が書かれた時点から見ても未来に属す出来事と見なしうるため、（　5　）については、半過去の (se poursuivaient) や単純未来の (se poursuivront) も排除されません。時制の照応はこのように複雑な問題をはらんでいますが、解答の前提になるのはあくまでも上に示した一般的原則（下線部）ということになります。

解答　(1) datant　　(2) avait mis　　(3) aient emporté
(4) sont réparties　(5) se poursuivraient

仏検公式ガイドブックセレクション1級（2019-2023）

練習問題 2

次の文章を読み、（ 1 ）～（ 5 ）に入れるのにもっとも適切なものを、下の語群から1つずつ選び、必要な形にして解答欄に書いてください。ただし、同じものを複数回用いることはできません。

Faut-il déplacer l'église Saint-Nicolas de Cap-sur-Mer, menacée par l'érosion ? Ce monument est classé et son histoire remonte au 16e siècle. Le bâtiment actuel a été terminé en 1810, mais ses fondations, dont la première pierre (1) en 1591, sont très anciennes. L'église est connue comme site touristique ; très discrète à l'extérieur, elle n'(2) pas aujourd'hui 30 000 visiteurs par an si Henri Busson, artiste local, n'en avait pas orné l'intérieur de magnifiques fresques.

Ce joyau artistique est pourtant en danger. En 2015, une série de violents orages a frappé la région. La nuit du 3 août, tandis qu'il (3) à seaux, un gigantesque glissement de terrain s'est produit et le trait de côte a reculé de dix mètres.

Désormais perché sur la falaise, l'édifice offre une vue extraordinaire aux touristes. Toutefois, l'église risque de disparaître d'ici dix ans si on ne l'(4) pas davantage du bord. C'est la raison pour laquelle le maire de Cap-sur-Mer appelle aux dons pour la déménager d'une centaine de mètres : « Cela coûtera très cher et nous comptons sur la générosité des donateurs. La mairie effectuera le déplacement quand le montant de la collecte (5) 500 000 euros. »

atteindre	attirer	échafauder	éloigner
pleuvoir	poser	s'acquérir	se méfier

(20)

筆記試験 5

解説 ある海沿いの町の教会が、地滑りによって崩落の危険にさらされているという話です。本文では、教会の歴史や内部を飾るフレスコ画、地滑りのあとにもちあがった建物の引越しの計画といった話題が順に述べられています。

(1) Le bâtiment actuel a été terminé en 1810, mais ses fondations, dont la première pierre (1) en 1591, sont très anciennes.

　第 1 段落では、Faut-il déplacer l'église Saint-Nicolas de Cap-sur-Mer, menacée par l'érosion ?「Cap-sur-Mer の Saint-Nicolas 教会を移動させなくてはならないのだろうか」という書き出しにつづいて、Ce monument est classé et son histoire remonte au 16ᵉ siècle.「この建物は歴史的建造物に指定されていて、その歴史は 16 世紀にまでさかのぼる」という記述があり、空欄 (1) をふくむ文では、この教会の歴史がより詳細に説明されています。「現在の建物は 1810 年にできあがったが、礎石は 1591 年に置かれたもので、教会の創建はとても古い」というのがその内容で、空欄 (1) に相当するのは poser la première pierre「礎石を置く、礎を築く」という表現ですから、動詞は poser が該当し、ここでは受動態で用いられていることがわかります。この文では、Le bâtiment actuel a été terminé en 1810 [...].「現在の建物は 1810 年にできあがった」の部分が複合過去で述べられていますが、建物の礎石が置かれたのはそれよりも前の出来事なので、他の過去時制に対する先立性を示す大過去 (avait été posée) が正解です。女性名詞 pierre と過去分詞 posée の一致にも注意してください。ただし、「建物ができあがった」と「礎石が置かれた」という 2 つの出来事の前後関係にはこだわらず、両者をおおづかみに「過去の出来事」としてとらえるのであれば、(1) は複合過去の (a été posée) も可能です。

(2) L'église est connue comme site touristique ; très discrète à l'extérieur, elle n'(2) pas aujourd'hui 30 000 visiteurs par an si Henri Busson, artiste local, n'en avait pas orné l'intérieur de magnifiques fresques.

　第 1 段落の後半では、L'église est connue comme site touristique [...].「教会は観光地として知られている」という 1 文につづいて、très discrète 以下の部分で、多くの観光客が教会の内部を飾る壁画を見に訪れているという内容が説明されています。より具体的には、「地元の芸術家 Henri Busson の手になるフレスコ画を目あてに、年間で 3 万人の観光客が訪れている」という

57

ことですが、本文の記述は、si Henri Busson [...] n'en avait pas orné ...とい
う形で si の節に大過去が用いられていることから、「仮に Henri Busson が
教会の内部をすばらしいフレスコ画で飾っていなかったら」という**非現実の**
仮定が提示されていることになり、（ 2 ）の前後では、その帰結として、
「今日この教会が年間で 3 万人の観光客を集めるという状況にはなっていな
いだろう」という内容が**条件法**で述べられていることになります。選択肢の
うち、「（観光客を）集める」の意で用いることができる動詞は attirer で、条
件法現在の活用形 (attirerait) が正解です。この文では、条件節が過去の出来
事、主節が現在の出来事に対応していることに注意してください（「この教
会は、外観はきわめて地味なので、地元の芸術家 Henri Busson が内部をす
ばらしいフレスコ画で飾っていなかったら、今日年間で 3 万人の観光客が訪
れるような状況にはなっていないだろう」）。

⑶ La nuit du 3 août, tandis qu'il (3) à seaux, un gigantesque
glissement de terrain s'est produit et le trait de côte a reculé de dix mètres.

　第 2 段落では、2015 年にこの地域が一連の激しい暴風雨に見舞われた結
果、地滑りが発生して教会が崩壊の危機に瀕していることが説明されていま
す。空欄（ 3 ）をふくむ文では、un gigantesque glissement de terrain s'est
produit et le trait de côte a reculé de dix mètres「大規模な地滑りが発生し、
海岸線が 10 メートル後退した」という出来事が複合過去で提示されており、
（ 3 ）の前後は、その「背景をなす状況」を述べたものと考えられること
から、il (pleuvait) à seaux「どしゃぶりの雨が降っていた」という半過去に
よる記述正解です（「8 月 3 日の夜、どしゃぶりの雨が降りつづく間に大規
模な地滑りが発生し、海岸線が 10 メートル後退した」）。seau は「バケツ」
ですが、à seaux は「たくさん、激しく」という意味の成句になります。

⑷ Toutefois, l'église risque de disparaître d'ici dix ans si on ne l'(4)
pas davantage du bord.

　第 3 段落では、（海岸線が後退した結果）教会の建物が崖の上に取り残さ
れ、ある種の絶景を形作っているという内容が述べられたあと、空欄
（ 4 ）をふくむ文では、「しかしながら、教会は今後 10 年のうちに姿を
消すおそれがある」と指摘されています。ここでも空欄は仮定の si の節の
なかに置かれていますが、主文の「姿を消すおそれがある」が risque de
disparaître という直説法の記述ですから、上に見た⑵の場合とはことなり、

筆記試験 5

この文では非現実の仮定が提示されているわけではありません。空欄のあとの記述から、仮定の内容は「海岸からもっと建物を遠ざけなければ」となることが予想され、éloigner「離す」の直説法現在 (éloigne) が正解となります。

(5) La mairie effectuera le déplacement quand le montant de la collecte (5) 500 000 euros.

　結局 Cap-sur-Mer の市当局は、教会の建物を 100 メートルほど移動させるために寄付を募ることをきめます。空欄 (5) をふくむ文は、寄付を呼びかける Cap-sur-Mer の市長の発言を引用したもので、「募金額が 50 万ユーロに達したら、市は移動の作業に着手する予定である」というのがその内容です。ここでは「募金額が 50 万ユーロに達する」→「移動の作業をおこなう」という、未来における 2 つの出来事の前後関係が問題になり、effectuera le déplacement「移動の作業をおこなう」という単純未来の記述に対し、それよりも前に完了している「(募金額が 50 万ユーロに) 達する」の部分については、atteindre の前未来 (aura atteint) を用いるのが適当です。ただし、2 つの出来事がほぼ同時に生じると考えれば、単純未来 atteindra も排除されません。

解答 (1) avait été posée　(2) attirerait　(3) pleuvait
　　　　(4) éloigne　　　　(5) aura atteint

仏検公式ガイドブックセレクション1級（2019-2023）

練習問題3

次の文章を読み、（ 1 ）～（ 5 ）に入れるのにもっとも適切なものを、下の語群から1つずつ選び、必要な形にして解答欄に書いてください。ただし、同じものを複数回用いることはできません。

Le différend serait parti d'une entrecôte. Dimanche 25 mai, dans un restaurant de Périgueux, en Dordogne, le ton est soudain monté entre un touriste et le restaurateur, raconte un quotidien local. L'instant d'avant, le client, mécontent de la qualité de l'entrecôte qu'on lui avait servie, （ 1 ） de régler l'addition. « Je ne paye pas pour cette merde ! », aurait-il lancé. （ 2 ） par ces propos, le patron de l'établissement s'en est alors pris à lui. Il lui a sauté au visage, et arraché un morceau de l'oreille gauche.

Déféré au parquet de Périgueux mardi 27 mai, le restaurateur （ 3 ） devant le tribunal correctionnel en novembre prochain pour violences volontaires ayant entraîné une interruption totale de travail supérieure à huit jours. Il a d'ailleurs reconnu les faits. （ 4 ） au moment de l'altercation, il avait plus de trois grammes d'alcool dans le sang. Le journal précise qu'il a été placé sous contrôle judiciaire.

De son côté, le touriste （ 5 ） prescrire dix jours d'arrêt de travail, et il a écourté son séjour en Dordogne pour rentrer chez lui.

boire	comparaître	continuer	énerver
refuser	se dire	se voir	vivre

(21)

筆記試験 5

解説 問題文は、レストランの店主と客との間で口論が起きた話です。前半ではきっかけとなる口論から傷害事件へと発展するてんまつが、後半では事件後のふたりの状況が述べられています。

⑴ L'instant d'avant, le client, mécontent de la qualité de l'entrecôte qu'on lui avait servie, (1) de régler l'addition.

　出題の文章は、地元紙の記事の紹介から始まります。5月25日の日曜日、ドルドーニュ県のペリグーにあるレストランで、店主と旅行客との間に突然口論が起こったというのです。つづく空欄（ 1 ）をふくむ文では、口論のきっかけが説明されています。この文の主語である le client の直後の形容詞句では、彼が店で出された料理のクオリティに不満を抱いていることが示されます。この前提と空欄（ 1 ）の直後の de régler l'addition「勘定の支払いをすること」という表現とをふまえてつづく文を読むと、« Je ne paye pas pour cette merde ! »「こんなひどいものに金は払わない！」という le client の発言があります。したがって、空欄（ 1 ）に入るのは refuser「拒否する」だということがわかります。問題は時制ですが、冒頭の文では le ton est soudain monté「突然口論が起きた」と直説法複合過去が用いられており、空欄（ 1 ）をふくむ文は、L'instant avant「少し前に」と始まっていますので、過去のある時点（ここでは口論が始まった時点）ですでに完了していることを表わす直説法大過去が適切です。正解は (avait refusé) となります。なお、地元紙にもとづく伝聞情報なので、le client の発言を説明する表記 aurait-il lancé「彼はそう言ったとのことだ」にならって (aurait refusé) と条件法過去にすることも可能です。

⑵ (2) par ces propos, le patron de l'établissement s'en est alors pris à lui.

　つづく文では、料理をけなされ、支払いを拒否されたレストランの店主 (le patron) が主語になっています。空欄（ 2 ）をふくむ箇所は、形容詞句として主語を修飾する分詞構文となっています。par ces propos「それらの発言によって」は直前の客のせりふを指します。前置詞 par は受動態における動作主を表わしますので、そのせりふが店主になんらかの影響をおよぼしたことが語られていることが想定され、空欄（ 2 ）には他動詞の過去分詞が入ることがわかります。さらに、主節の alors「そこで」という因果関係を表わす副詞に注目すれば、空欄（ 2 ）をふくむ文は「それらの発

61

言で（　2　）ので、店の主人は彼に文句を言った」と訳せます。以上の前提で、店主が客をとがめる原因となりそうな動詞を語群からさがすと、énerver「〜をいらだたせる」の過去分詞 (Énervé) が正解とわかります。

(3) Déféré au parquet de Périgueux mardi 27 mai, le restaurateur (　3　) devant le tribunal correctionnel en novembre prochain pour violences volontaires ayant entraîné une interruption totale de travail supérieure à huit jours.

　第 1 段落末尾で、店主が客の顔に飛びかかり、左耳の一部をひきちぎってしまったと語られたあと、第 2 段落では事件の加害者であるレストランの店主が事件後にどのような処分を受けたのかが説明されます。空欄（　3　）をふくむ文は長いので、少しずつ確認しましょう。動詞 déférer「（事件を）付託する、（被告を）召喚する」の過去分詞を用いた文頭の分詞構文は、形容詞句として主節の主語 le restaurateur を修飾し、店主が 5 月 27 日火曜日にペリグー検察に送検されたという付帯状況を伝えています。また、le tribunal correctionnel は「軽罪裁判所」ですので、空欄（　3　）に入る動詞としては comparaître「出頭する、出廷する」が適切です。さらに、en novembre prochain「今度の 11 月に」という副詞句に注目すれば、店主が裁判所に出頭するのは未来の出来事であり、動詞は直説法単純未来に活用させるべきであることがわかります。正解は (comparaîtra / comparaitra) です。なお、この文の主節の訳は、「店主が故意に暴力をふるったために —— その結果、レストランは 1 週間以上の完全営業停止となった —— 、店主は 11 月に軽罪裁判所に出頭予定である」となります。

(4) (　4　) au moment de l'altercation, il avait plus de trois grammes d'alcool dans le sang.

　前の文の直後に店主がすでに事実関係を認めていることが述べられ、空欄（　4　）をふくむ文ではその「事実関係」の具体的な記述がなされます。文の主節を訳すと「彼の血中には 3 グラム以上のアルコールがふくまれていました」となります。フランスでは血中アルコール濃度を血液 1 リットルあたりにふくまれるアルコールのグラム数で表現するのが一般的です。0.5 グラム以上から車の運転が禁止されていますので、3 グラムは相当な量であり、店主は泥酔に近い状態にあったことが予想されます。したがって、空欄（　4　）には boire「酒を飲む」が入り、酩酊状態の原因が説明される

が予想されます。ただし、「店主が飲酒した」という出来事は、「店主の血中アルコール値が 3 グラムを上まわっていた」という過去のある時点での状態に先だって完了しているものです。したがって、boire は現在分詞の複合形にする必要がありますので、正解は (Ayant bu) となり、空欄をふくむ箇所は「口論の時点ですでに相当量の酒を飲んでいたため」と訳せます。

⑸　De son côté, le touriste (　5　) prescrire dix jours d'arrêt de travail, et il a écourté son séjour en Dordogne pour rentrer chez lui.

　第 3 段落では被害者である旅行客の事件後の状況が 1 文で説明されています。ここで注目したいのが、prescrire dix jours d'arrêt de travail「10 日間の休職を指示する」という一節です。prescrire、すなわち「薬を処方する、治療法を勧める」主体としてまず想像されるのは医者でしょうが、この文では le touriste が主語となっています。したがって、空欄（　5　）には、受け身を表わす構文を作る動詞が入ります。語群のなかでは se voir がその機能をもち、se voir + *inf.* + *qc*「〜を〜される」という意味になります。またこの文では、文の後半（et 以下）で直説法複合過去 (a écourté) が用いられていることをふまえると、継起した過去の出来事が順に語られていると予測がつきます。したがって、se voir も直説法複合過去に活用させ、(s'est vu) が正解となります。なお、代名動詞の複合過去は、再帰代名詞が直接目的補語の場合には、過去分詞を主語と性数一致させる必要がありますが、この問題の場合、再帰代名詞は間接目的補語ですので過去分詞の性数一致は不要です。

解答　⑴ avait refusé　　⑵ Énervé　　⑶ comparaîtra / comparaitra
　　　　　⑷ Ayant bu　　⑸ s'est vu

63

仏検公式ガイドブックセレクション1級（2019-2023）

練習問題 4

　次の文章を読み、（　1　）〜（　5　）に入れるのにもっとも適切なものを、下の語群から1つずつ選び、必要な形にして解答欄に書いてください。ただし、同じものを複数回用いることはできません。

　Un fait divers endeuille à nouveau le quartier. Un homme de 31 ans（　1　）dans un tragique accident de la route mardi dernier. Les faits se sont déroulés peu avant 19 heures, à l'angle du boulevard des Belges et de la rue des Acacias, alors que la personne circulait à trottinette électrique. Malgré leur intervention rapide, les médecins du SAMU n'ont pas pu sauver la victime.

　Une enquête a immédiatement été ouverte pour déterminer avec précision les causes du drame. Les enquêteurs（　2　）sur les images des caméras de surveillance installées au carrefour. Celles-ci ont montré que le trentenaire à trottinette（　3　）un feu rouge. Juste à ce moment-là, un autobus（　4　）en sens inverse arrivait à l'intersection. Le choc fatal a eu lieu à l'avant droit du bus.

　Plus de 25 sapeurs-pompiers ont dû intervenir pour dégager le corps du malheureux, qui avait été projeté sous une voiture. La conductrice de l'autobus（　5　）pour savoir si elle ne conduisait pas sous l'emprise de drogues ou d'alcool, mais les résultats se sont révélés négatifs.

griller	mourir	réaliser	reculer
rouler	se demander	se pencher	tester

(22)

64

筆記試験 5

解説、 電動キックボードの事故について報じた文章です。

(**1**) Un homme de 31 ans (1) dans un tragique accident de la route mardi dernier.

　問題文では、まず冒頭で「ある事件がふたたび街を喪の悲しみに沈めている」と記されたあと、上掲の空欄（ 1 ）がふくまれた文がつづきます。空欄の直後に dans un tragique accident de la route「悲惨な交通事故で」とあり、さらに、直前の文で endeuiller「喪の悲しみに沈める」という語が用いられていることをふまえると、空欄をふくむ文の主語となっている un homme de 31 ans「31歳の男性」は亡くなったのだと推測できます。したがって空欄に入れるべき動詞は mourir「死ぬ」となります。また、空欄をふくむ文の末尾にある副詞句 mardi dernier「この前の火曜日に」に注目すると、動詞 mourir は過去の完了した出来事を示す直説法複合過去に活用させるのが適切だとわかります。したがって正解は (est mort) となります。

(**2**) Les enquêteurs (2) sur les images des caméras de surveillance installées au carrefour.

　第2段落は、「悲劇の原因を正確に確定するための捜査がただちに始められた」という一文から始まっており、その直後に Les enquêteurs「捜査員」を主語とする空欄（ 2 ）をふくむ文が登場します。ここで注目すべきは空欄の直後の sur les images des caméras de surveillance installées au carrefour「交差点に設置された監視カメラの映像について」という一節です。この一節にふくまれる前置詞 sur は選択肢にある代名動詞 se pencher とともに用いると se pencher sur *qc*「〜について検討する」という意味になります。この表現を知っているかが正答をみちびく鍵になります。なお、第2段落前半では、起こった出来事を時系列順に説明していますので、se pencher は直説法複合過去に活用させましょう。したがって正解は (se sont penchés) となります。

(**3**) Celles-ci ont montré que le trentenaire à trottinette (3) un feu rouge.

　空欄（ 3 ）をふくむ文では、前の文に引きつづき捜査の内容が述べられています。Celles-ci が指すのは les images des caméras de surveillance installées au carrefour「交差点に設置された監視カメラの映像」です。また、この文の従属節では、le trentenaire à trottinette「電動キックボードに乗っ

65

た30代の男性」が何をしていたかが説明されていると予測が立ちます。ここで注意すべきなのが、空欄の直後の un feu rouge「赤信号」という表現です。選択肢にある動詞 griller は「(グリルで) 焼く」を第一義としますが、話しことばでは「追いこす、(止まらずに) 通過する、(信号を) 無視する」という意味でも用いられます。また、従属節で語られる出来事は、主節でmontrer の直説法複合過去をもって示される Celles-ci ont montré「それ [=監視カメラの映像] によって明らかにされた」という出来事よりも前に完了していますから、動詞は直説法大過去にするのが適切です。したがって、正解は (avait grillé) となります。

⑷ Juste à ce moment-là, un autobus (4) en sens inverse arrivait à l'intersection.

　この文の主語は un autobus「バス」、動詞は arrivait「到着していた」であることはひと目でわかりますので、空欄をふくむ一節 (4) en sens inverse は、主語を形容する分詞句だと予測がつきます。この文には、un autobus [...] arrivait à l'intersection「バスは交差点に入るところだった」とありますから、バスは移動中であったと考えられます。したがって、空欄には動詞 rouler「走る」の現在分詞 (roulant) を入れるとよいとわかります。

⑸ La conductrice de l'autobus (5) pour savoir si elle ne conduisait pas sous l'emprise de drogues ou d'alcool, mais les résultats se sont révélés négatifs.

　第3段落冒頭では、バスの下に投げ出された犠牲者の遺体を引き出すのに25人以上の消防士が出動したと語られます。そしてその直後に La conductrice de l'autobus「バスの運転手」を主語とする空欄 (5) をふくむ文がつづきます。ここでは空欄のあとに語られる内容に着目しましょう。まず、pour savoir si elle ne conduisait pas sous l'emprise de drogues ou d'alcool「彼女 [=バスの運転手] がドラッグやアルコールの影響下で運転していなかったかどうか知るために」とあり、さらに mais les résultats se sont révélés négatifs「しかし結果は陰性と判明した」とつづいています。以上から、選ぶべき動詞は tester「検査をする」であり、かつ、運転手は検査をされる側ですから、受動態にすべきこともわかります。残るは時制ですが、空欄のふくまれる文の後半にある代名動詞 se révéler が直説法複合過去に活用していることをふまえると、この文では起こった出来事が時系列順に語ら

筆記試験 5

れており、したがって tester の受動態も直説法複合過去にすべきだとわかる
でしょう。正解は (a été testée) となります。

解 答　(1) est mort　　(2) se sont penchés　　(3) avait grillé
　　　　　 (4) roulant　　　(5) a été testée

67

練習問題 5

　次の文章を読み、（　1　）～（　5　）に入れるのにもっとも適切なものを、下の語群から1つずつ選び、必要な形にして解答欄に書いてください。ただし、同じものを複数回用いることはできません。

　Mardi 9 mai 2023, un homme de 22 ans a été conduit au Médipôle Lyon-Villeurbanne en état de mort cérébrale. Selon *Le Progrès*, il aurait été violemment battu par trois individus. Apparemment, tout （　1　） de la vente d'une moto.

　Il était 16 h 30 lorsque quatre personnes, parmi lesquelles la victime, se sont présentées dans le square Général Delfosse, lieu de rendez-vous fixé par les trois vendeurs de la moto. Deux d'entre elles ont alors volé le deux-roues. Furieux, les vendeurs （　2　） la victime, avant de prendre la fuite à l'arrivée de la police.

　Le jeune homme de 22 ans a été retrouvé inconscient par terre, （　3　） notamment des blessures au niveau de la tête. Les pompiers sont intervenus pour le secourir. Un témoin de la scène a évoqué un homme avec un T-shirt rouge parmi les vendeurs qui ont fui à bord d'une Renault.

　Les forces de l'ordre （　4　） une opération de surveillance devant le logement du propriétaire du véhicule, quand elles ont vu l'homme vêtu d'un T-shirt rouge revenir chez lui avec ladite voiture. Également âgé de 22 ans, il a été interpellé et placé en garde à vue pour « violence en réunion ». L'enquête se poursuit actuellement pour que ses complices （　5　） au plus vite.

筆記試験 5

attaquer	identifier	libérer	mener
ouvrir	partir	présenter	remarquer

(23)

解説 バイクの売買にからむ暴力事件を報じた文章です。

(1) Apparemment, tout (1) de la vente d'une moto.

第1段落では、「2023年5月9日火曜日、22歳の男性が脳死の状態でMédipôle Lyon-Villeurbanne病院に運ばれた」という書き出しにつづいて、「*Le Progrès*紙によれば、彼は3人の人物にはげしくなぐられたとのことだ」とあります。それにつづく空欄をふくんだ文に la vente d'une moto「バイクの売却」とあるのですから、これが事件の原因だと推測できます。そこで動詞は partir「出発する、始まる」を選べばよいとわかりますが、では法・時制はどうすればよいでしょうか。副詞 apparemment「おそらく」があることをふまえると、過去の出来事についての推測を表わす条件法過去がもっとも適当です。したがって正解は (serait parti) となります。文の意味は「おそらく、すべてはバイクの売却から始まったのだろう」です。ただし直説法複合過去を用いて (est parti) としてもまちがいではありません。

(2) Furieux, les vendeurs (2) la victime, avant de prendre la fuite à l'arrivée de la police.

第2段落では、「16時30分に、被害者をふくむ4人の人物が、3人のバイクの売り手によって指定された約束の場所 le square Général Delfosse にやって来た」という文につづいて、「そのとき、4人のうちの2人が2輪車を盗んだ」とあります。その行為に怒った売り手が、現場に残った2人のうちの1人を攻撃し、逃走したのでしょう。そこで動詞は attaquer を選びます。第2段落では、過去の完了した出来事が時系列順に直説法複合過去で述べられていますので、attaquer も直説法複合過去にすればよいでしょう。正解は (ont attaqué) となります。文の意味は「激怒した売り手は被害者を攻撃したのち、警察の到着前に逃走した」です。

(3) Le jeune homme de 22 ans a été retrouvé inconscient par terre, (3) notamment des blessures au niveau de la tête.

第3段落冒頭の文です。前半では「22歳の男性は意識を失って倒れてい

69

るところを発見された」とあり、空欄のあとには「とくに頭部に傷」とつづいていますから、（　3　）には「見せる、示す」といった意味の動詞が入ると予想されます。選択肢のなかでそれにあたるのは présenter です。この文には動詞 a été retrouvé が存在するので、présenter は現在分詞にすればよいでしょう。正解は (présentant) です。文意は「22 歳の男性は意識を失って倒れているところを発見され、とくに頭部に傷を負っていた」となります。

⑷ Les forces de l'ordre (　4　) une opération de surveillance devant le logement du propriétaire du véhicule, quand elles ont vu l'homme vêtu d'un T-shirt rouge revenir chez lui avec ladite voiture.

　第 3 段落の後半では、「消防士が出動して男性を救助した」という文につづき、「現場の目撃者は、ルノーの車に乗って逃げた売り手のなかに、赤い T シャツを着た男がいたことに言及した」と述べられています。第 4 段落冒頭、空欄のある文には、les forces de l'ordre「機動隊」、une opération de surveillance「監視作戦」という語が並んでいるので、「おこなう、実践する」といった意味の動詞を選べばよいでしょう。選択肢のなかでは mener がもっとも適当です。また、文の後半、quand 以下の副詞節では動詞が ont vu と直説法複合過去になっています。このような文では「〜していたときに、〜した」と、直説法半過去と直説法複合過去を組み合わせ、直説法複合過去で語られる過去の出来事が起こったときに、どのような状況であったかを直説法半過去で表わすのが一般的です。したがってここでも mener は直説法半過去に活用させ、(menaient) としましょう。文意は「機動隊が車の所有者の住居の前で監視をおこなっていたときに、赤い T シャツの男が前述の車に乗って帰宅するのが目撃された」です。

⑸ L'enquête se poursuit actuellement pour que ses complices (　5　) au plus vite.

　第 4 段落のつづきでは、「被害者とおなじく 22 歳の男は職務質問を受け、『集団暴行』の疑いで拘留された」とあります。調査がつづけられているのは、ほかの共犯者をみつけるためですから、動詞は identifier を選びます。また、主語が ses complices「彼の共犯者」ですので、identifier は受動態にする必要があります。さらに、〈pour que ＋接続法〉ですから、正解は (soient identifiés) となります。ただし、本文中に、complices の性別は明示されておらず、全員女性である可能性もあります。したがって identifiées と女性複

筆記試験 5

数形にしてもまちがいとはいえません。

解答 (1) serait parti　(2) ont attaqué　(3) présentant
(4) menaient　(5) soient identifié(e)s

6

　文中の空欄に、文または文の一部をおぎなって、**長文を完成させる**問題です。5つの空欄に対し、8つの選択肢のなかから文脈に合致するものを選んで解答します。

　この問題では、個々の記述の内容をおさえたうえで、**話の筋道をたどる**ことができるかどうかが問われています。たとえば空欄の前後の記述が、空欄部分で述べられている内容の説明や言いかえになっている場合、選択肢のなかから解答をしぼり込むのは比較的容易ですが、設問によっては、空欄の前後の記述だけでは判断できず、文章全体の内容や論理構成を念頭におかなければならないケースも少なくありません。

　出題される文章は、内容、表現とも平易なものとはかぎらず、一読しただけでは論の展開が呑み込めない部分もあるはずです。ただし、実際の試験では時間の制約もあり、納得できるまで何度も読み返す余裕があるとはかぎりません。通読の際の原則をあえてあげるとすれば、論そのものの骨子と、料理でいえば「薬味」として用いられる比喩やレトリックとの関係に目を配りつつ、話の展開を予想しながら読む、ということになるでしょうか。

筆記試験 6

練習問題 1

　次の文章を読み、（　1　）〜（　5　）に入れるのにもっとも適切なものを、右のページの①〜⑧のなかから1つずつ選び、解答欄のその番号にマークしてください。

　Pouf, une seconde passe. Et avec elle, 634 000 kg de déchets viennent de rejoindre les océans et menacer la faune et la flore marines. Quelques projets ont été pensés pour tenter de réduire la quantité de déchets en plastique dans les océans, comme une machine inventée par un ingénieur néerlandais. En attendant leur réalisation ou leur extension, la zone de plastiques continue à （　1　）.

　Une découverte scientifique pourrait （　2　）. Des chercheurs américains et britanniques ont par inadvertance développé une enzyme qui serait capable de détruire du plastique en un temps record. L'objectif de l'équipe était de comprendre le fonctionnement de l'une des enzymes appelée PETase, qui se nourrit uniquement d'un type de plastique, le polytéréphtalate d'éthylène (PET). Mais leurs expérimentations ont débouché sur une enzyme beaucoup plus efficace que la PETase naturelle. Les scientifiques s'activent désormais à （　3　） dans l'espoir de pouvoir un jour l'utiliser dans un processus industriel de destruction des plastiques.

　L'espoir est donc permis. Bientôt une minuscule enzyme pourrait réparer les erreurs accumulées de milliards d'humains. Craignez-vous que ce soit quelque peu exagéré ? Que cette découverte se transforme en un moyen tout trouvé de se justifier pour ceux qui préfèrent （　4　） ? Eh bien, le

73

仏検公式ガイドブックセレクション1級（2019-2023）

quotidien *Le Monde* aussi. Son éditorial d'hier rappelle que la nature travaille à un rythme souvent incompatible avec la frénésie consumériste des êtres humains. Selon le journaliste, cette récente découverte risque de faire croire à tort qu'il est possible de continuer à consommer du plastique au rythme actuel ; elle pourrait (5) en espérant qu'une enzyme, des barrages géants ou toute autre technologie nous débarrasseront rapidement de cette pollution.

① abandonner toute la technologie employée dans d'autres développements enzymatiques
② changer la donne
③ en améliorer les performances
④ entrer dans la composition de très nombreuses bouteilles en plastique
⑤ inciter les gens à se bercer d'illusions
⑥ jeter leurs bouteilles en plastique à la mer plutôt que leurs vieilles habitudes
⑦ prendre de l'ampleur
⑧ s'attaquer plus rapidement à un type de plastique

(19)

解説 文章では、大量のプラスチックごみがあふれる現状をふまえ、プラスチックを分解する酵素のような技術革新による問題解決の可能性が示唆されるとともに、こうした「特効薬」の登場にはマイナスの側面もあることが指摘されています。

(1) En attendant leur réalisation ou leur extension, la zone de plastiques continue à (1).
　まず、第1段落では、Pouf, une seconde passe. Et avec elle, 634 000 kg

74

de déchets viennent de rejoindre les océans et menacer la faune et la flore marines.「1秒経過。そしてこの1秒の間に、63万4000キロのごみが海に飲み込まれ、海の動物と植物をおびやかしていたことになる」という書き出しにつづき、刻一刻と広がるプラスチック汚染への対策として、une machine inventée par un ingénieur néerlandais「オランダ人のエンジニアによって開発された（浮遊ごみの）回収装置」をはじめとするいくつかのプロジェクトが動き始めている現状が説明されています。（　1　）をふくむ段落の最後の文では、En attendant leur réalisation ou leur extension「これらのプロジェクトの実現と進展を待っている間にも」という記述をうけ、空欄部分ではプラスチック汚染の範囲が「広がりつつある」といった内容が述べられるはずですから、（　1　）には⑦ prendre de l'ampleur「増大する」が該当します。

(2)　Une découverte scientifique pourrait (　2　).

　第1段落で述べられた状況をふまえ、第2段落では、プラスチックを分解する酵素について研究が進められているという話題が取り上げられています。第2段落冒頭の une découverte scientifique「ある科学的発見」とはこの画期的な酵素のことで、この発見は、プラスチック汚染の問題を一挙に解決する可能性があることから、（　2　）をふくむ段落冒頭の1文では、「ある科学的発見が状況を一変させるかもしれない」と述べられていることになります。正解は② changer la donne「状況を変える」で、donne はもともとはトランプの「持ち札」（ゲーム開始時点で配られているカード）のことですが、転じて（ある時点で）「あたえられている状況」という意味で用います。

(3)　Les scientifiques s'activent désormais à (　3　) dans l'espoir de pouvoir un jour l'utiliser dans un processus industriel de destruction des plastiques.

　上の(2)でもその概要を見たように、第2段落では、アメリカとイギリスの研究者たちが、PETase という酵素のはたらきに関する研究の過程で、プラスチックの分解により効果のある画期的な酵素を見いだした経緯が説明されています。（　3　）をふくむ文では、この酵素の応用に関する今後の展望が示されており、全体の文意は、「科学者たちは、いずれこの酵素を産業利用してプラスチックを分解できるのではないかという期待をもって〜を急いでいる」となります。（　3　）に該当するのは、科学者たちが急いでいる研究の内容ですから、③ en améliorer les performances「その作用（酵素の分解

75

能力）を向上させる」が正解です。

　なお、polytéréphtalate d'éthylène「ポリエチレンテレフタラート」の略称は本文にあるとおり PET で、これが日本語の「ペットボトル」という呼び名のもとになっていることはよく知られているとおりですが、PETase は、この PET だけに作用する酵素ということになります。また、第 2 段落を読んでいて気になるのは、Des chercheurs américains et britanniques ont par inadvertance développé une enzyme qui serait capable de détruire du plastique en un temps record.「アメリカとイギリスの研究者たちは、軽率にも、これまでにない速度でプラスチックを分解する可能性のある酵素を作りあげてしまった」と述べられていることでしょう。プラスチック汚染の問題にとって福音となりそうな研究成果に対し、筆者がなぜ par inadvertance「軽率にも」という言い方をしているのか腑に落ちませんが、この謎は次の第 3 段落で明らかにされることになります。

⑷　Que cette découverte se transforme en un moyen tout trouvé de se justifier pour ceux qui préfèrent（　4　）？

　第 3 段落では、L'espoir est donc permis.「したがって（問題の解決を）期待することは許される」という冒頭の 1 文につづき、Bientôt une minuscule enzyme pourrait réparer les erreurs accumulées de milliards d'humains.「まもなく 1 つのちっぽけな酵素が、何十億もの人間が積み重ねてきたあやまちの埋め合わせをしてくれるかもしれない」という展望が示されたあと、読者に対してある疑問が提示されます。Craignez-vous que ce soit quelque peu exagéré ?「これは少し行きすぎだと思いませんか」がそれで、（　4　）をふくむ次の文では、この疑問の意味するところが具体的に説明されることになります。筆者はここで、先の問いを、「この発見が（ある種の人々にとっては）自己正当化のための格好の手段となることが気になりませんか」と言いかえており、（　4　）はこの指摘がどのような人々に向けられているのかを述べている部分ですから、⑥ jeter leurs bouteilles en plastique à la mer plutôt que leurs vieilles habitudes「（ごみに対して無頓着な）自分たちの以前からの習慣ではなく、プラスチックのボトルを海に捨てる（ことを好む人々）」が該当します。

⑸　[...] ; elle（＝cette récente découverte）pourrait（　5　）en espérant qu'une enzyme, des barrages géants ou toute autre technologie nous débarrasseront rapidement de cette pollution.

　筆者は、(4)で見た懸念 —— 画期的な酵素の発見が、ごみを捨てるという人間の行為を免罪しかねないという懸念 —— について、*Le Monde* 紙の社説がそのような見方を示していることを指摘し、科学的な研究成果がもたらす恩恵の裏に隠された罠の存在に読者の目を向けています。Selon le journaliste, cette récente découverte risque de faire croire à tort qu'il est possible de continuer à consommer du plastique au rythme actuel ; [...]. 「社説の筆者によれば、最近なされたこの発見は、現在のペースでプラスチックを消費しつづけることが可能であるかのような誤解をあたえてしまう危険がある」という第3段落中ほどの記述に照らせば、（　5　）のあとで述べられている、「酵素や巨大なフェンスその他のテクノロジーが、この汚染（プラスチックによる海洋汚染）をただちに取り除いてくれると期待する」こともまた1つの誤解にすぎないことになり、（　5　）では、この発見がそうした誤解や幻想を助長しかねない、という内容が述べられていることが予想できるでしょう。⑤ inciter les gens à se bercer d'illusions 「人々に幻想を抱かせる」が正解です。なお、ここで汚染対策のテクノロジーの1例としてあげられている des barrages géants 「巨大なフェンス」とは、第1段落で言及されている「オランダ人のエンジニアによって開発された浮遊ごみの回収装置」を指しています。

　筆者は結局、この文章で、科学的な成果の恩恵はごみを捨てるという行為をなんら正当化するものではなく、プラスチックを分解する酵素のような「夢のテクノロジー」に対する過度の期待は禁物である、と主張していることになります。筆者が先に、画期的な酵素の発見を「軽率な」行為であると述べていたのはそのためで、筆者は、この種の発見が、みずからの愚行を直視する機会を人々から奪ってしまうことを危惧していたのです。

解答　(1) ⑦　　(2) ②　　(3) ③　　(4) ⑥　　(5) ⑤

仏検公式ガイドブックセレクション 1 級（2019-2023）

練習問題 2

次の文章を読み、（ 1 ）～（ 5 ）に入れるのにもっとも適切なものを、右のページの①～⑧のなかから 1 つずつ選び、解答欄のその番号にマークしてください。

Est-il encore nécessaire de se rendre à son agence bancaire ? Poussés par les banques en ligne, les établissements « traditionnels » ont développé des portails sur Internet et des applications sur smartphone qui rendent les clients autonomes et leur font (1). De fait, l'enquête du magazine *Amphore* sur les relations entre les banques et leurs clients montre que plus de 70 % des Français utilisent leur ordinateur ou leur mobile pour consulter leur compte ou (2).

Au-delà de la gestion bancaire courante, de nouveaux métiers apparaissent. Les courtiers en ligne ont, par exemple, révolutionné le marché de l'assurance et du crédit immobilier. Et la gestion sous mandat, naguère réservée aux plus fortunés, se démocratise. Mais, en devenant accro à la gestion en ligne, ne risque-t-on pas de (3) ? Les acteurs du numérique financier s'en défendent. « Pour les produits complexes, nous nous assurons que le client a la connaissance du mécanisme, des risques pris et de la cohérence de cette souscription avec son patrimoine », avertit Simon Boissière, président de Mutuel Point. À condition de (4), notamment vis-à-vis des intermédiaires 100 % en ligne qui mettent en relation épargnants et fabricants de produits financiers. « Attention, certains agents conseillent surtout les produits qui leur rapportent le plus », prévient Simon Boissière.

Comme dans le monde réel, il ne faut pas (5). L'Autorité des marchés financiers met régulièrement en garde les épargnants contre les investissements trop beaux pour être vrais. Perdre tout sens critique dans l'espoir d'un gain au final très aléatoire reste toujours le plus grand péril.

① confier son argent à un tiers sans avoir vérifié son sérieux
② confondre vitesse et précipitation
③ gagner du temps
④ réaliser des opérations simples
⑤ rester vigilant
⑥ se déplacer régulièrement à l'établissement « réel »
⑦ sous-estimer ses chances de gagner de l'argent
⑧ tricher sans s'en apercevoir

(20)

解説 文章は、オンラインによる金融商品の取引の普及と、こうした取引が利用者にもたらすリスクの問題について述べたものです。

(1) Poussés par les banques en ligne, les établissements « traditionnels » ont développé des portails sur Internet et des applications sur smartphone qui rendent les clients autonomes et leur font (1).

Est-il encore nécessaire de se rendre à son agence bancaire ?「銀行の支店に足を運ぶ必要がまだあるだろうか」という書き出しにつづき、第1段落では、昨今の「インターネットバンキング」の普及のようすが説明されています。空欄（ 1 ）をふくむ第2文の内容は、Poussés par les banques en ligne, les établissements « traditionnels » ont développé des portails sur Internet et des applications sur smartphone「オンラインバンクに押され、『伝統的な』銀行はネットのポータルサイトやスマートフォンのアプリを充実させた」というもので、文の後半の関係代名詞 qui 以下の部分では、そうしたポータルサイトやアプリが顧客にもたらす具体的なメリットが2点述べら

79

れていることになります。その１つは、rendent les clients autonomes「顧客を自立させる（顧客が望む取引を自分でおこなえるようにする）」ですから、もう１つの（　１　）については、leur font という使役の表現が用いられていることを考慮し、「（顧客の）時間を節約させる」という内容を考えればよいでしょう。③ gagner du temps が正解です。

⑵　De fait, l'enquête du magazine *Amphore* sur les relations entre les banques et leurs clients montre que plus de 70 % des Français utilisent leur ordinateur ou leur mobile pour consulter leur compte ou（　２　）.

　この文では、実際に７割を超えるフランス人がコンピューターやモバイル端末を使ってインターネットバンキングを利用しているという雑誌 *Amphore* の調査結果が紹介されており、利用の目的として consulter leur compte「口座の照会をする」と併置されている（　２　）には、④ réaliser des opérations simples「簡単な手続きをおこなう」が該当します。

⑶　Mais, en devenant accro à la gestion en ligne, ne risque-t-on pas de（　３　）?

　第２段落では、（振り込みや残高の照会といった）一般的な手続きだけではなく、今日では株式投資やアセットマネジメントなど、さまざまな金融サービスがオンラインで提供されているという話題につづいて、こうした金融取引のオンライン化の負の側面に目が向けられることになります。空欄（　３　）は、en devenant accro à la gestion en ligne「オンラインでの資産運用の中毒になることによって」もたらされる危険を述べたものですが、空欄のあとを読むと、デジタル投資関係者の反論として、« Pour les produits complexes, nous nous assurons que le client a la connaissance du mécanisme, des risques pris et de la cohérence de cette souscription avec son patrimoine »「複雑な商品については、顧客がその仕組みと自分が負うことになるリスク、および引受と顧客本人の資産との整合性について理解しているかどうかを確認しています」という Mutuel Point の社長の説明が引用されていることから、ここで問題になっているリスクとは、商品についての理解不足のまま拙速な取引をおこなうことを指していることがわかります。（　３　）には、② confondre vitesse et précipitation「スピードと性急さをとりちがえる」が該当し、「だが、オンラインでの資産運用の中毒になってしまうと、スピードと性急さを混同するおそれがないだろうか」と述べられていると考えればよ

いでしょう。

⑷ À condition de (4), notamment vis-à-vis des intermédiaires 100 % en ligne qui mettent en relation épargnants et fabricants de produits financiers.

　第2段落の後半では、投資家に注意をうながすことが重要であるという、上述の Mutuel Point の社長 Simon Boissière の説明を補足する形で、とりわけ警戒が必要なケースとして、「預金者と金融商品の作り手を結びつける100％オンラインの仲介業者」の存在が指摘されています。段落の終わりの、« Attention, certains agents conseillent surtout les produits qui leur rapportent le plus »「気をつけなさい、（顧客ではなく）自分たちに一番利得があるような商品を勧めてくる代理業者もいますよ」という Simon Boissière の警告とスムーズにつながるのは、「とりわけ預金者と金融商品の作り手を結びつける、100％オンラインの仲介業者に注意することが肝要である」という内容の記述ですから、(4) には、「注意をおこたらない」の意の⑤ rester vigilant が該当します。

⑸ Comme dans le monde réel, il ne faut pas (5).

　本文の結論にあたる第3段落では、第2段落の記述をうけて、オンライン金融サービスの普及に潜むリスクが改めて強調されています。L'Autorité des marchés financiers met régulièrement en garde les épargnants contre les investissements trop beaux pour être vrais.「金融市場の管理当局は預金者に対し、本当にしてはあまりにうますぎる投資に警戒するよう繰り返し呼びかけている」という第2文の記述は、(5) をふくむ第1文の内容をふまえて「投資のリスク」を話題にしていると考えられることから、第1文では、「現実の世界と同様、（インターネットを利用する場合でも）不用意な投資をおこなってはならない」という内容が述べられていることになり、(5) には① confier son argent à un tiers sans avoir vérifié son sérieux「信頼できるかどうかを確かめずに第三者にお金を預ける」が該当します。

解答　⑴ ③　　⑵ ④　　⑶ ②　　⑷ ⑤　　⑸ ①

81

仏検公式ガイドブックセレクション 1 級（2019-2023）

練習問題 3

次の文章を読み、（ 1 ）〜（ 5 ）に入れるのにもっとも適切なものを、右のページの①〜⑧のなかから 1 つずつ選び、解答欄のその番号にマークしてください。

Cela fait plusieurs années que le lien de cause à effet entre le réchauffement climatique et la fonte des glaces est prouvé. Une étude récemment publiée dans la revue *Science* montre que la disparition définitive de la calotte glaciaire du Groenland est probable, même si les émissions de gaz à effet de serre （ 1 ）.

Les scientifiques se sont appuyés sur trois décennies de données satellitaires pour analyser les transformations du territoire arctique. « On peut aller observer les glaciers sur place, mais les satellites sont de formidables outils ; ils （ 2 ） », déclare Stéphane Borel, glaciologue et directeur de recherche au Centre des géosciences de l'environnement de Genève.

Jusqu'en 2000 environ, la perte de masse du glacier groenlandais était « normale ». C'est-à-dire que la fonte causée par le soleil, le contact avec l'eau, et le détachement des bouts de glace de la calotte （ 3 ）. Mais les années suivantes, les chercheurs ont constaté que le rétrécissement de la calotte glaciaire locale s'accélérait. Le glacier a reculé si rapidement que les chutes de neige, qui （ 4 ） après une fonte naturelle accrue en période estivale, ne peuvent plus suivre le rythme de fonte des parties nouvellement exposées à l'eau de mer, de plus en plus chaude, ou à la température

82

ambiante.

Les résultats de cette étude (5). « Quand bien même le point de non-retour serait atteint, il faut limiter l'accélération. Plus le réchauffement s'accentuera, plus la fonte sera rapide », met en garde Stéphane Borel.

① avaient lieu totalement à l'insu de l'humanité
② disparaissaient dès aujourd'hui
③ étaient à peu près responsables à parts égales de la disparition de la glace
④ ne nous seront d'aucune utilité
⑤ participaient jusqu'ici à reconstruire la surface glaciaire
⑥ permettent de réduire les erreurs d'observation
⑦ précipitaient la disparition du glacier
⑧ rappellent surtout la nécessité de freiner le changement climatique

(21)

解説 文章では、グリーンランドの氷帽溶融の観測手段や溶融の仕組みの解説、氷帽溶融が加速度的に進んでいるという報告がなされたうえで、地球温暖化の深刻さが指摘されています。

(1) Une étude récemment publiée dans la revue *Science* montre que la disparition définitive de la calotte glaciaire du Groenland est probable, même si les émissions de gaz à effet de serre (1).

　第1段落では、le réchauffement climatique「地球温暖化」と la fonte des glaces「氷の溶融」の因果関係が何年も前から指摘されていると述べられたあとで、*Science* 誌に最近発表されたある研究が紹介されます。それによれば、グリーンランドの la calotte glaciaire「氷帽」が完全に消失してしまうかもしれないというのです（グリーンランドをおおう氷全体を表わす単語は l'inlandsis「氷床」ですが、氷の局地的な溶融など、氷床の一部分について

83

仏検公式ガイドブックセレクション 1 級（2019-2023）

語る際には la calotte glaciaire という単語を使用するのが一般的です）。空
欄は氷帽消失の可能性に関する文にそえられた譲歩節の一部で、même si
les émissions de gaz à effet de serre （ 1 ）「たとえ温室効果ガスの排出が
（ 1 ）としても」グリーンランドの氷はあとかたもなく消え去ってしまう
おそれがある、という構成になっています。したがって、空欄部分には氷帽
が溶ける条件からもっとも遠い内容が入ります。正解は② disparaissaient
dès aujourd'hui「今日にでも消えてなくなる」です。ありえない仮定ですが、
地球温暖化の原因とされる温室効果ガスの排出が今日この瞬間にゼロになっ
たとしても、これまで蓄積されてきた要因によりグリーンランドの氷は消え
去ってしまうおそれがある、というのです。

(2) « On peut aller observer les glaciers sur place, mais les satellites sont
de formidables outils ; ils （ 2 ） »

　第 2 段落ではグリーンランドの氷帽溶融の観測方法が述べられます。研究
チームの科学者たちは trois décennies de données satellitaires「30 年分の人
工衛星データ」にもとづいて、この territoire arctique「北極圏の領土」、つ
まりグリーンランドの変化の分析をおこないました。空欄は、雪氷学者でジ
ュネーヴ環境地球科学研究センター主任研究員の Stéphane Borel 氏の発言
の引用内にあります。空欄の直前で同氏は「氷河を現地観測しにいくことは
可能だが、人工衛星は素晴らしいツールなのだ」と述べており、かつ point-
virgule のあとの主語人称代名詞 ils は les satellites を指しますので、人工衛
星で観測をおこなうメリットが述べられている⑥ permettent de réduire
les erreurs d'observation「（人工衛星は）観測上の誤差を減少させてくれる
のである」が正解となります。

(3) C'est-à-dire que la fonte causée par le soleil, le contact avec l'eau, et le
détachement des bouts de glace de la calotte （ 3 ）.

　第 3 段落では、氷帽溶融が生じるしくみについて説明がなされたあと、氷
が溶けるペースが近年になって加速していることが述べられます。段落冒頭
の文を読んでみましょう。Jusqu'en 2000 environ, la perte de masse du
glacier groenlandais était « normale ».「2000 年ごろまではグリーンランド
の氷塊の消失は『正常』だった」。空欄をふくむ文は、C'est-à-dire que「と
いうのはつまり」で始まりますので、冒頭の文をくわしく説明する内容とな
るはずです。空欄の直前には la fonte causée par le soleil, le contact avec

84

l'eau, et le détachement des bouts de glace de la calotte「日光および水との接触によって引き起こされた溶融、そして氷帽末端部の氷の分離」という2つの名詞句がならび、これらを主語として適切な内容となる選択肢をさがします。正解は③ étaient à peu près responsables à parts égales de la disparition de la glace「（溶融と分離は）ひとしく氷の消失のおおよその原因となっていた」です。ちなみに、à parts égales「ひとしく」とは、分割されたものの割合がひとしいことを表わす表現で、たとえば L'équipe est composée, à parts égales, d'hommes et de femmes.「チームは同人数の男女から構成されている」のように使用されます。

(4) Le glacier a reculé si rapidement que les chutes de neige, qui（ 4 ）après une fonte naturelle accrue en période estivale, ne peuvent plus suivre le rythme de fonte des parties nouvellement exposées à l'eau de mer, de plus en plus chaude, ou à la température ambiante.

　つづく文では、2000年以降、氷帽の局地的な縮小が加速しているという科学者たちの指摘が示され、その直後に空欄をふくむ文が登場します。長い文ですが、関係節をいったんわきに置き、その骨格だけを抜き出せば、Le glacier a reculé si rapidement que les chutes de neige [...] ne peuvent plus suivre le rythme de fonte des parties nouvellement exposées à l'eau de mer, de plus en plus chaude, ou à la température ambiante.「氷河があまりに早く後退してしまったので、ますます温かくなる海水、あるいは周囲の気温に新たにさらされる部分の溶融のリズムに降雪がもはや追いつけなくなっている」という構成になっています。空欄は、従属節の主語 les chutes de neige「降雪」を先行詞とする関係節にふくまれます。また、この関係節内には、空欄の直後に après une fonte naturelle accrue en période estivale「夏の期間中に増加する自然溶融のあとで」という副詞句があります。降雪は夏季の氷帽の溶融のあとに「何か」をおこなっていたが、もはや溶融のリズムについていけなくなっている、というのが que 以下の従属節の伝えようとする主たる情報であり、選択肢は、降雪がこれまでおこなっていた「何か」を説明する箇所にあたります。したがって、正解は⑤ participaient jusqu'ici à reconstruire la surface glaciaire「（降雪は）これまで、氷河の表層部の復元に寄与してきた」となります。

(5) Les résultats de cette étude（ 5 ）.

仏検公式ガイドブックセレクション1級（2019-2023）

　第4段落冒頭に空欄をふくむ文が置かれていますが、適切な選択肢を選ぶには、この文につづく Stéphane Borel 氏の発言に目を向けましょう。ここで同氏は次のように警告を発しています。Quand bien même le point de non-retour serait atteint, il faut limiter l'accélération.「たとえポイント・オブ・ノー・リターンに達しているのだとしても、加速に制限をかけなければならない」。le point de non-retour は、それ以上進むともう後もどりできなくなる引き返し不能点を指します。さらに Borel 氏は、Plus le réchauffement s'accentuera, plus la fonte sera rapide「温暖化が加速すればするほど、溶解の速度は早まるだろう」とも述べています。つまり、「加速に制限をかける」ためには、地球温暖化問題の解決が必須だというのですから、空欄に入れるのにもっとも適切な選択肢は、⑧ rappellent surtout la nécessité de freiner le changement climatique「（この研究結果は）とりわけ気候変動を抑制する必要性を改めて伝えている」となります。

解答　(1) ②　　(2) ⑥　　(3) ③　　(4) ⑤　　(5) ⑧

筆記試験 6

練習問題 4

次の文章を読み、（　1　）～（　5　）に入れるのにもっとも適切なものを、右のページの①～⑧のなかから 1 つずつ選び、解答欄のその番号にマークしてください。

L'Agence du Changement écologique (ACE) traduit les effets de la pollution sonore en coûts pour la société. En 2017, la facture s'élevait déjà à 60 milliards d'euros mais depuis, elle a grimpé en flèche （　1　） de 160 milliards d'euros.

En France, 26 millions de personnes sont touchées par les effets de la pollution sonore, 10 millions étant surexposées avec des effets chroniques sur leur santé. Une étude relève par exemple que 640 000 cas de maladies cardio-vasculaires sont imputables au bruit (pour un coût de 19,6 milliards d'euros en soins et en médication), dont 2 700 décès directement （　2　）. De même, l'exposition au bruit serait responsable de 1,5 million de cas d'obésité, ce qui représente 19 milliards d'euros.

L'ACE et ses partenaires ont identifié trois sources de bruit qui gênent les Français : les transports, le voisinage et le travail. Sans surprise, ce sont les transports qui sont la principale source de pollution sonore, mais il faut rappeler que les bruits de voisinage sont （　3　）, qu'il s'agisse de chantiers, d'espaces d'activité comme les bars et les terrasses, ou bien de voisins tapageurs. Ils peuvent même entraîner des troubles anxio-dépressifs （　4　） le repos. Quant au travail, l'ACE estime que 280 000 années de productivité ont été perdues à cause du bruit.

（　5　), les scientifiques et ingénieurs ont identifié plusieurs

87

leviers. Par exemple, végétaliser les villes et les bâtiments, limiter le trafic, mettre en place des mesures de réduction des émissions sonores sur les chantiers ou encore travailler à l'isolation acoustique des bâtiments.

① à peine perceptibles dans la pratique
② en affectant grandement
③ en coupant le montant
④ liés au facteur de la pollution sonore
⑤ pour friser aujourd'hui la somme astronomique
⑥ pour remédier à ce problème
⑦ sans prendre en compte
⑧ vraiment mal vécus par les Français

(22)

解説 文章は、騒音がもたらす社会的損失の分析と対策について述べた報告を紹介したものです。

(**1**) En 2017, la facture s'élevait déjà à 60 milliards d'euros mais depuis, elle a grimpé en flèche (1) de 160 milliards d'euros.

第1段落冒頭にはまず、「環境変化機関（略称 ACE）が騒音の影響を社会に対するコストの形で提示している」と語られます。そして空欄をふくむ次の文では、その具体的な金額が示されているわけですが、空欄の直前では、2017年の時点ですでに600億ユーロにのぼっていた「勘定書」が、以後、急速に上昇したとされます。また、空欄のあとには de 160 milliards d'euros「1600億ユーロ」とあり、急上昇の度合いが数量を表わす前置詞 de をともない具体的な額で示されている（しかも高額です）ことをふまえると、正解は⑤ pour friser aujourd'hui la somme astronomique「今日では天文学的な額にまで届くばかりに」であるとわかります。friser は「すぐそばをかすめる、もう少しで～になる」という意味の動詞です。

(**2**) Une étude relève par exemple que 640 000 cas de maladies

筆記試験 6

cardiovasculaires sont imputables au bruit (pour un coût de 19,6 milliards d'euros en soins et en médication), dont 2 700 décès directement (　2　).

第 2 段落第 1 文には、「フランスでは、2600 万人が騒音公害の影響を受けており、そのうちの 1000 万人が（騒音に）過剰にさらされて、健康への慢性的な影響をこうむっている」とあります。それにつづく空欄をふくむ文では騒音が原因となっている具体的な病気とそれにかかるコストが示されます。ある研究によれば、640 000 cas de maladies cardio-vasculaires sont imputables au bruit (pour un coût de 19,6 milliards d'euros en soins et en médication)「心血管疾患の 64 万症例については騒音が原因である（その治療と投薬に 196 億ユーロのコストがかかる）」というのです。cas はここでは「患者、症例」という意味になります。さて、空欄をふくむ一節 dont 2 700 décès directement (　2　) の関係代名詞 dont はあとにくる数詞が先行詞のなかに包含されることを示し、「～のなかの、のうちで」という意味になります。つまり、2 700 décès「2700 件の死亡」は、騒音が原因とされる「心血管疾患の 64 万症例」にふくまれるわけですから、正解は ④ liés au facteur de la pollution sonore「騒音という要因と関連づけられる」となります。

⑶　Sans surprise, ce sont les transports qui sont la principale source de pollution sonore, mais il faut rappeler que les bruits de voisinage sont (　3　), qu'il s'agisse de chantiers, d'espaces d'activité comme les bars et les terrasses, ou bien de voisins tapageurs.

第 3 段落第 1 文では、「ACE とそのパートナーはフランス人を悩ませる騒音の 3 つの発生源をつきとめた。すなわち交通、近隣、仕事である」と語られます。これにつづく空欄をふくむ文では、まず前半で Sans surprise, ce sont les transports qui sont la principale source de pollution sonore「予想されるとおり、交通が騒音のおもな発生源である」と述べられます。そして逆接の接続詞 mais をもって始まる文の後半部では mais il faut rappeler que les bruits de voisinage sont (　3　), qu'il s'agisse de chantiers, d'espaces d'activité comme les bars et les terrasses, ou bien de voisins tapageurs「しかし、工事現場であれ、バーやテラス席などにぎやかな場所であれ、または騒々しい隣人であれ、近隣の騒音が（　3　）であることを忘れてはならない」と語られます。つまり、交通が騒音の主たる原因であるとはいえ、近隣からの騒音も等閑視できないというのがこの文の趣旨ですから、空欄には

89

仏検公式ガイドブックセレクション1級（2019-2023）

⑧ vraiment mal vécus par les Français「フランス人にじつに不快に感じられている」を入れると筋が通ります。

⑷ Ils peuvent même entraîner des troubles anxio-dépressifs (4) le repos.

　空欄の直前の一節 Ils peuvent même entraîner des troubles anxio-dépressifs「それ［＝近隣の騒音］は不安・抑うつ障害すら引き起こしうる」はそれ自体で完結した意味をもっています。問題は、(4) le repos という一節をどのようにつなげるかですが、選択肢のうち空欄に②を入れ、en affectant grandement le repos「休息に甚大な悪影響をおよぼすことで」とすると意味が通る文が完成されます。

⑸ (5), les scientifiques et ingénieurs ont identifié plusieurs leviers.

　第3段落で、交通、近隣、仕事を原因とする騒音から生じる悪影響について説明されたあと、上掲の第4段落冒頭に空欄をふくむ文「(5)、科学者と技術者は、いくつかの手段をつきとめた」が置かれています。さらに、空欄をふくむ文の直後には、「たとえば、市街や建物を緑化する、交通量を制限する、工事現場からの音の発生をおさえる対策をとる、さらには、建物の防音に取り組む、などである」とありますが、こうした記述は騒音対策にかかわるものです。したがって、空欄には⑥ pour remédier à ce problème「この問題を改善するために」を入れるとよいとわかります。

解答 (1) ⑤　　(2) ④　　(3) ⑧　　(4) ②　　(5) ⑥

90

筆記試験 6

練習問題 5

次の文章を読み、（　1　）〜（　5　）に入れるのにもっとも適切なものを、右のページの①〜⑧のなかから1つずつ選び、解答欄のその番号にマークしてください。

Dans le nouveau rapport spécial du Groupe d'experts intergouvernemental sur l'évolution du climat (GIEC) qui a été rendu public hier, des scientifiques et représentants gouvernementaux abordent la question du lien entre sécurité alimentaire et changement climatique. Avant même la sortie de ce document et des recommandations qui vont avec, une équipe allemande a réalisé une étude démontrant （　1　） sur les systèmes alimentaires des pays qui émettent le moins de CO_2. Dans ce classement, on retrouve des États en crise alimentaire comme le Burundi, la République démocratique du Congo, Madagascar ou le Yémen. Selon l'étude, ils génèrent moins d'une demi-tonne de dioxyde de carbone par personne chaque année et représentent, au total, seulement 0,08 % des émissions mondiales. Meilleur exemple : le Burundi. Le pays est le moins bien classé en matière de sécurité alimentaire et aussi celui qui produit le moins de CO_2 par personne et par an. Ainsi, une personne vivant en Arabie saoudite émet （　2　） que 718 Burundais.

« Nos recherches montrent que l'augmentation des concentrations de dioxyde de carbone dans l'atmosphère réduit la qualité nutritionnelle des aliments que nous consommons et que les personnes les plus vulnérables à ces conséquences sont （　3　） », a déclaré le docteur.

91

仏検公式ガイドブックセレクション1級 (2019-2023)

Dörr, chef de l'équipe du GIEC. Pour reprendre l'exemple du Burundi, (4), déjà largement précarisée par les conflits et les crises politiques, s'y retrouve encore plus menacée par les longues pénuries de précipitations, les inondations, et l'érosion des sols. Les scientifiques dénoncent ainsi (5). Ce rapport du GIEC montre une nouvelle fois que la menace est grave et l'action impérative.

① la même quantité de dioxyde de carbone
② la sécurité alimentaire
③ le réchauffement de la planète
④ les impacts disproportionnés du changement climatique
⑤ les moins responsables de cette augmentation
⑥ l'habitat des moustiques ou des rats
⑦ une diminution spectaculaire des réserves d'eau
⑧ une injustice climatique flagrante

(23)

解説 文章は、食料安全保障と気候変動の関係についての研究を紹介したものです。

⑴ Avant même la sortie de ce document et des recommandations qui vont avec, une équipe allemande a réalisé une étude démontrant (1) sur les systèmes alimentaires des pays qui émettent le moins de CO2.

第1段落冒頭では、「きのう公表された、気候の変化に関する政府間の専門家グループ（GIEC）による新しい特別報告書において、科学者と政府の代表者らは食料安全保障と気候変動の関係という問題に取り組んでいる」とあります。それにつづく空欄をふくむ文では、「この資料とそれにともなう勧告の発表よりも前に」、ドイツのグループがある研究をおこなったと述べられています。まず、前置詞 sur にみちびかれる空欄の直後の一節は「二酸化炭素の排出がもっとも少ない国々の食料供給システムに対する」という意

92

味になります。また、空欄をふくむ文の直後には、「このような分類表には、ブルンジ、コンゴ民主共和国、マダガスカル、イエメンのように食料危機にある国が見いだされる」とあります。つまり、二酸化炭素の排出量が少ない国は、反対に食料危機レベルが高いという不均衡が生じているわけですから、正解は④ les impacts disproportionnés du changement climatique「気候変動がもたらす不均衡な影響」です。

(2) Ainsi, une personne vivant en Arabie saoudite émet (2) que 718 Burundais.

第1段落をさらに読み進めると、食料危機にある国についてよりくわしい説明がつづいています。「研究によると、これらの国々は、1人当たり年間半トン以下の二酸化炭素しか発生させておらず、それは世界全体の排出量の0.08％にすぎない。もっともよい例はブルンジである。この国は、食料安全保障の面で最下位に分類されるとともに、二酸化炭素の年間1人当たりの排出量も最下位である」と述べられています。空欄のある文では、「そういうわけで、サウジアラビアに暮らす1人の人間は、718人のブルンジ人と（ 2 ）を排出しているのである」とあります。空欄のあとに que があることからも、比較を表わしていることがわかるでしょう。あてはまるのは① la même quantité de dioxyde de carbone「同量の二酸化炭素」です。

(3) « Nos recherches montrent que l'augmentation des concentrations de dioxyde de carbone dans l'atmosphère réduit la qualité nutritionnelle des aliments que nous consommons et que les personnes les plus vulnérables à ces conséquences sont (3) », a déclaré le docteur Dörr, chef de l'équipe du GIEC.

第2段落の最初の文です。「『私たちの研究が示しているのは、大気中の二酸化炭素濃度の上昇は、私たちが消費する食物の栄養価を減少させるということ、また、その結果に対してもっとも脆弱な人々は（ 3 ）だということです』と、GIEC グループの代表である Dörr 博士は述べた」とあります。ここまでの文章で、気候変動の影響をもっとも受けるのは、二酸化炭素の排出量がもっとも少ない国であることが述べられていました。そのことをふまえると、正解は⑤ les moins responsables de cette augmentation「この上昇にもっとも責任を負っていない人々」だとわかります。

仏検公式ガイドブックセレクション1級 (2019-2023)

⑷ Pour reprendre l'exemple du Burundi, (4), déjà largement précarisée par les conflits et les crises politiques, s'y retrouve encore plus menacée par les longues pénuries de précipitations, les inondations, et l'érosion des sols.

　つづく文です。「ブルンジの例をふたたび取り上げると、紛争と政治危機によってすでに大幅に不安定化していた（ 4 ）は、長期間におよぶ降水量の不足、洪水、土壌の浸食によってよりいっそう危機に瀕している」とあります。過去分詞 précarisée および menacée が女性形なので、空欄には女性名詞が入るとわかるのは、大きなヒントでしょう。正解は② la sécurité alimentaire「食料安全保障」です。

⑸ Les scientifiques dénoncent ainsi (5).

　結論部分です。「したがって研究者たちは（ 5 ）を告発している」とあります。これまでの文章において、気候変動に対する責任のもっとも少ない国が、気候変動の影響をもっとも受けているという不平等が問題とされていました。その論旨が理解できていれば、⑧ une injustice climatique flagrante「気候に関する明白な不公正」を選ぶことができるはずです。なお、最後の文は、「この GIEC の報告書は、脅威は深刻であり、今すぐ行動が必要であるということを改めて示している」としめくくっています。

解答　(1) ④　　(2) ①　　(3) ⑤　　(4) ②　　(5) ⑧

94

7

　長文を読み、その内容と、設問として提示された文の内容が一致するかどうかを判断する問題です（**内容一致**）。問題の形式は準1級とほぼ同じですが、準1級では設問の文が話の流れに沿って配置されているのに対し、1級ではアルファベ順ですから、本文と設問との対応を正確に見きわめることがまず求められます。その際、設問によっては、本文の複数の箇所や、文章全体の記述内容にかかわる場合もあるので、個別的な文と文の対応をおさえるだけでは不十分です。また、本文では、前後の文脈から十分推測できる場合、明示的な言い方を避けたり、記述の一部を省略することがあります。設問に直接対応する箇所が本文に見あたらないときは、文の前後関係を慎重にたどり、省略されている部分で何が述べられるはずなのかを判断しなければなりません。

　設問の文は、本文で述べられている内容を別のことばや表現を使って言いかえたものですから、内容一致の問題は、その意味では**パラフレーズ**の問題と見なすこともできます。一般に、設問文ではそれほど難解な表現は用いられていませんが、あわてて読むと、文意をとりちがえることになりかねません。とりわけ、肯定か否定かの区別は文意の把握の大前提ですから、二重否定や虚辞の ne などが用いられているケースには注意が必要です。

仏検公式ガイドブックセレクション 1 級（2019-2023）

練習問題 1

次の文章を読み、右のページの(1)〜(6)について、文章の内容に一致する場合は解答欄の①に、一致しない場合は②にマークしてください。

Notre capacité à reconnaître les visages a longtemps été considérée comme inhérente au seul cerveau humain. Une nouvelle étude montre pourtant que les guêpes et les abeilles sont également capables de le faire, par des mécanismes de traitement visuel similaires à ceux de l'Homme.

« Nous sommes très doués pour reconnaître les visages familiers », explique Cédric Guilloux, auteur principal de l'étude parue dans une revue scientifique européenne. « Nous le faisons sans effort, tandis que les intelligences artificielles ont souvent beaucoup de difficultés à reconnaître des visages dans des situations complexes », telles que localiser une personne particulière dans une foule. Pour reconnaître les visages, les humains emploient en effet une approche holistique : au lieu de simplement identifier certains traits spécifiques, nous les associons pour former une image globale, constituant une combinaison unique.

Cédric Guilloux et son équipe ont cherché à explorer ce concept de processus holistique chez les animaux afin d'en apprendre plus sur leur façon de traiter les visages. Pour cela, ils se sont tournés vers deux espèces connues pour leurs organisations sociales complexes : l'abeille européenne et la guêpe commune. Ces insectes se sont montrés capables de distinguer des visages humains présentés en noir et blanc grâce à des tests similaires à ceux soumis aux sujets humains.

筆記試験 7

Bien que rien dans leur évolution ne semble nécessiter de reconnaître des visages humains, il semblerait donc qu'ils en aient néanmoins développé la capacité. Par ailleurs, grâce à cette étude, les chercheurs savent désormais que, comme nous, les abeilles et les guêpes s'appuient sur un ensemble de traits pour parvenir à cette reconnaissance. Ces résultats pourraient également fournir de nouvelles pistes d'exploration dans le développement d'intelligences artificielles capables d'identifier globalement un ensemble de traits et, donc, plus performantes dans la reconnaissance faciale.

(1) À la suite de l'étude menée par l'équipe de Cédric Guilloux, on peut considérer l'approche holistique de la reconnaissance faciale comme l'apanage des humains.

(2) L'équipe de Cédric Guilloux a mené une étude sur l'abeille et la guêpe dans le but de mieux connaître la façon de traiter les visages chez les humains.

(3) Les intelligences artificielles ne sont pas capables de repérer précisément des visages dans une foule.

(4) Les résultats de l'étude pourraient être utiles pour concevoir une intelligence artificielle qui simule la façon dont les humains reconnaissent les visages.

(5) On ne sait pas pourquoi les abeilles et les guêpes ont eu besoin d'apprendre à reconnaître les visages humains.

仏検公式ガイドブックセレクション1級（2019-2023）

(6) Quand nous reconnaissons les visages humains, nous les percevons dans leur globalité sans identifier aucun trait spécifique.

(19)

解説 文章では、人間が顔を認識する方法について、人工知能のほか、ミツバチやスズメバチとの比較を交えた議論が展開されています。

(1) À la suite de l'étude menée par l'équipe de Cédric Guilloux, on peut considérer l'approche holistique de la reconnaissance faciale comme l'apanage des humains. 「Cédric Guilloux のチームによっておこなわれた研究の結果、顔認識における全体的アプローチは人間に固有のものと考えることができる」

ここではまず語彙のレベルで、approche holistique という術語の意味が問題になりそうです。holistique という見慣れない形容詞は本文の2ヵ所で用いられていますが、approche holistique に関しては第2段落の後半に具体的な説明があり、この用語が、人間の顔を個々の部分的な特徴によってではなく、全体として認識する方法を指していることがわかります（設問(6)を参照。holistique は holisme「全体論」という哲学用語から派生した形容詞で、「全体は部分の総和ではなく、全体の示す性質（全体性）は部分の総和には還元できない」という全体論の考え方が、ここでは顔の認識方法に適用されていることになります）。

設問(1)の趣旨は、顔を認識するための「全体的アプローチ」を人間以外の生物がおこなっているかどうかということですが、第1段落には、Notre capacité à reconnaître les visages a longtemps été considérée comme inhérente au seul cerveau humain. Une nouvelle étude montre pourtant que les guêpes et les abeilles sont également capables de le faire, par des mécanismes de traitement visuel similaires à ceux de l'Homme. 「顔を認識する私たちの能力は、長い間人間の脳に固有のものと考えられてきた。しかしながら新たな研究は、人間のそれと同様の視覚的な処理のメカニズムを用いることで、スズメバチやミツバチにも同じこと（＝顔の認識）ができることを明らかにしている」という説明があり、(1)の記述内容に反して、一部の昆虫にも「人間のそれに類似した視覚的な処理のメカニズム」すなわち「全体的アプローチ」による顔の認識が可能であることがわかります。

98

⑵　L'équipe de Cédric Guilloux a mené une étude sur l'abeille et la guêpe dans le but de mieux connaître la façon de traiter les visages chez les humains.「Cédric Guilloux のチームは、人間が顔を認識する方法についてより多くの知見を得るためにミツバチとスズメバチに関する研究をおこなった」

　　第 3 段落を見ると、Cédric Guilloux et son équipe ont cherché à explorer ce concept de processus holistique chez les animaux afin d'en apprendre plus sur leur façon de traiter les visages.「Cédric Guilloux と彼のチームは、動物が顔を認識する方法についてより多くを知るために、動物における全体論的プロセスの概念を明らかにしようとした」と述べられています。つまり Cédric Guilloux の研究の目的は「動物がどうやって顔を認識しているか」を知ることにあり、設問のように「人間がどうやって顔を認識しているか」を問題にしていたわけではありません。

⑶　Les intelligences artificielles ne sont pas capables de repérer précisément des visages dans une foule.「人工知能は群衆のなかでは顔を正確に特定することができない」

　　設問 ⑶ に対応する本文の記述は第 2 段落の前半にあり、ここでは « Nous le faisons sans effort, tandis que les intelligences artificielles ont souvent beaucoup de difficultés à reconnaître des visages dans des situations complexes »「われわれ人間にとっては造作のないことだが、人工知能にとっては複雑な状況下における顔の認識にはしばしば多くの困難がともなう」という Cédric Guilloux の見解が引用されたあと、「複雑な状況」の具体例として localiser une personne particulière dans une foule「群衆のなかで特定の人物をみつけだす」ケースがあげられています。論の骨子は、「雑踏のような複雑な状況下では、人工知能は人間と同じように正確に個々の顔を認識できるわけではない」ということですから、「人工知能は人混みのなかでは顔を正確には特定できない」という ⑶ の記述は、本文の内容と一致することになります。

⑷　Les résultats de l'étude pourraient être utiles pour concevoir une intelligence artificielle qui simule la façon dont les humains reconnaissent les visages.「この研究の結果は、人間が顔を認識する方法を再現できるような人工知能の考案に役立つ可能性がある」

　　本文では、第 4 段落の末尾でふたたび人工知能の話題が取り上げられてい

仏検公式ガイドブックセレクション１級（2019-2023）

ます。ここでは、人間と同様、ミツバチやスズメバチも全体の目鼻だちにも
とづいて人の顔を認識しているという研究の結果をふまえ、Ces résultats
pourraient également fournir de nouvelles pistes d'exploration dans le
développement d'intelligences artificielles capables d'identifier globalement
un ensemble de traits et, donc, plus performantes dans la reconnaissance
faciale.「この結果はまた、全体の顔だちを総合的に判別することが可能な、
つまり、より顔認識にすぐれた人工知能の開発に向けて新たな研究の道筋を
もたらす可能性がある」と述べられており、(4)は本文の内容に一致します。

⑸　On ne sait pas pourquoi les abeilles et les guêpes ont eu besoin
d'apprendre à reconnaître les visages humains.「ミツバチとスズメバチが、
なぜ人間の顔を認識できるようになる必要があったのかはわかっていない」
　ミツバチとスズメバチが人間のそれに似た顔の認識能力をもつ点に関して、
第4段落の冒頭では、Bien que rien dans leur évolution ne semble nécessiter
de reconnaître des visages humains, il semblerait donc qu'ils en aient
néanmoins développé la capacité.「進化の過程で（ミツバチやスズメバチが）
人間の顔の認識を必要とするような事情はなにもなかったようだが、それで
も彼らはその能力を発達させたことになる」と述べられており、ミツバチと
スズメバチがこの能力の獲得を必要とした理由は不明であるとする⑸は本
文の内容と一致します。

⑹　Quand nous reconnaissons les visages humains, nous les percevons dans
leur globalité sans identifier aucun trait spécifique.「人間の顔を認識する際、
私たちはそれを全体として知覚しており、個々の特徴はいっさい識別してい
ない」
　人間が顔を認識する方法については、本文第2段落の後半にくわしい説明
があり、Pour reconnaître les visages, les humains emploient en effet une
approche holistique : au lieu de simplement identifier certains traits
spécifiques, nous les associons pour former une image globale, constituent
une combinaison unique.「顔を認識する際、人間は事実全体的アプローチを
用いている。つまり、単にいくつかの固有の特徴を識別するのではなく、総
合的なイメージを作るためにそれらを結びつけ、唯一の組み合わせを作りあ
げているのである」と述べられています。人間は顔だちを構成する個々の特
徴を認識していないのではなく、それらの特徴を組み合わせて全体としての

筆記試験 7

イメージを作っているということですから、(6)は本文の内容と一致しません。

解答 (1) ②　　(2) ②　　(3) ①　　(4) ①　　(5) ①　　(6) ②

101

仏検公式ガイドブックセレクション１級（2019-2023）

練習問題 2

　次の文章を読み、右のページの (1) ～ (6) について、文章の内容に一致する場合は解答欄の ① に、一致しない場合は ② にマークしてください。

　Thomas Chambon, 16 ans, en terminale scientifique au lycée Louis-le-Grand à Paris, a été sélectionné avec une poignée d'autres jeunes Français pour les Olympiades internationales mathématiques (OIM) et le Tournoi international des jeunes mathématiciens. Grâce à des stages de préparation à ces compétitions, l'adolescent a, dit-il, découvert « des maths différentes de ce qu'on fait en classe. Pour parvenir à une solution jolie, assez courte, et propre, pas besoin de gros théorèmes ou de beaucoup de calculs, juste de la réflexion ». Il étudie parfois avec ses camarades des problèmes dont la solution échappe encore à des chercheurs aguerris, un exercice « amusant » qu'il compare à « l'exploration d'un nouveau monde ». Avec 12 médailles Fields, la France est le second pays le plus récompensé dans ce domaine, derrière les États-Unis. Depuis cinq ou six ans, elle tire aussi son épingle du jeu dans les concours internationaux réservés aux lycéens.

　Pourtant, Jean Philipon, un des responsables des OIM, se désole : « On est loin du compte. Nos appels sont insuffisamment relayés dans les collèges et lycées. Les maths olympiques ne sont pas des maths scolaires. Les énoncés, de parfois seulement trois lignes, sont des énigmes mathématiques. Le plaisir de la recherche et de la découverte doit attirer les jeunes. Cependant, cette notion de plaisir a

102

complètement disparu du cadre scolaire, où les mathématiques sont vécues principalement comme critère de sélection. Du reste, les professeurs n'ont pas le loisir de développer le côté ludique, car il faut finir le programme pour le bac. »

C'est d'autant plus dommage que les mathématiques, ce n'est pas seulement un chercheur face à un tableau noir. C'est aussi une discipline qui apporte à l'économie française 285 milliards d'euros de valeur ajoutée, soit 15 % du PIB, selon une récente étude.

(1) D'après Jean Philipon, le cadre scolaire n'aide pas à faire comprendre aux jeunes le plaisir de la recherche et de la découverte.

(2) Il arrive à Thomas Chambon de s'attaquer à des problèmes que les spécialistes n'ont pas encore résolus.

(3) Jean Philipon est content de savoir que ses appels sont bien diffusés dans les écoles.

(4) Selon Thomas Chambon, on n'a besoin ni de gros théorèmes ni de beaucoup de calculs ni de réflexion pour trouver une bonne solution mathématique.

(5) Thomas Chambon a travaillé seul pour préparer les Olympiades internationales mathématiques.

(6) Une étude récente a établi que les mathématiques n'avaient qu'un impact insignifiant sur l'économie française.

(20)

仏検公式ガイドブックセレクション1級 (2019-2023)

解説 本文では、数学の国際コンクールに出場する高校生の話題とともに、フランスの学校での数学教育のあり方に疑問を呈する意見が紹介されています。

(1) D'après Jean Philipon, le cadre scolaire n'aide pas à faire comprendre aux jeunes le plaisir de la recherche et de la découverte. 「Jean Philipon によれば、学校教育は若者が探求や発見の喜びを知るための役には立っていない」

les Olympiades internationales mathématiques (OIM)「国際数学オリンピック」の運営責任である Jean Philipon の見解は本文の第2段落で紹介されています。Philipon は学校での数学の授業について、Le plaisir de la recherche et de la découverte doit attirer les jeunes. Cependant, cette notion de plaisir a complètement disparu du cadre scolaire, où les mathématiques sont vécues principalement comme critère de sélection.「探求や発見の楽しさが若者を惹きつけるべきであるのに、学校教育の場では数学はもっぱら選抜の基準となっていて、こうした楽しみの概念が完全に欠如している」と述べており、(1)は本文の内容と一致します。

(2) Il arrive à Thomas Chambon de s'attaquer à des problèmes que les spécialistes n'ont pas encore résolus.「専門家がまだ解いていないような問題に Thomas Chambon が取り組むこともある」

第1段落の後半に、Thomas Chambon とその仲間たちは、時として des problèmes dont la solution échappe encore à des chercheurs aguerris「練達の研究者も解を見いだしていないような問題」に取り組んでいると述べられており、(2)は本文の内容と一致します。

(3) Jean Philipon est content de savoir que ses appels sont bien diffusés dans les écoles.「Jean Philipon は（数学の面白さをうったえる）彼のメッセージが十分に学校側に伝わっていることに満足している」

本文第1段落の末尾には、Depuis cinq ou six ans, elle (= la France) tire aussi son épingle du jeu dans les concours internationaux réservés aux lycéens.「この5、6年ほど、フランスは高校生を対象にした（数学の）国際コンクールでもそれなりの成績を収めている」という記述がありますが、この部分をうけて、第2段落の冒頭では、On est loin du compte. Nos appels sont insuffisamment relayés dans les collèges et lycées.「実情はずっと心許

104

ないもので、われわれの呼びかけは中学や高校には十分伝わっていません」という Jean Philipon の見解が引用されており、(3) は本文の内容と一致しないことがわかります。être loin du compte は「計算が大きくはずれている」、転じて「事実と合わない」の意で用いる成句表現です。

(4) Selon Thomas Chambon, on n'a besoin ni de gros théorèmes ni de beaucoup de calculs ni de réflexion pour trouver une bonne solution mathématique.「Thomas Chambon によれば、数学の問題に適切な解を見いだすには大げさな定理もいらないし、長大な演算も熟考も必要ではない」

　第 1 段落の半ばで引用されているように、Thomas Chambon は、Pour parvenir à une solution jolie, assez courte, et propre, pas besoin de gros théorèmes ou de beaucoup de calculs, juste de la réflexion.「簡潔で正確な洗練された解法にたどり着くために必要なのは、大げさな定理や多くの計算ではなく、よく考えることだけです」と述べています。

(5) Thomas Chambon a travaillé seul pour préparer les Olympiades internationales mathématiques.「Thomas Chambon は国際数学オリンピックの準備のための勉強をひとりでおこなった」

　第 1 段落の前半を読むと、数少ない他のフランス人の若者とともに「国際数学オリンピック」および「若い数学者の国際トーナメント」の代表に選ばれた Thomas Chambon は、des stages de préparation à ces compétitions「(2 つの大会の) 準備のための研修」に参加していることがわかり、Chambon はひとりでコンクールの準備をしたわけではありません。

(6) Une étude récente a établi que les mathématiques n'avaient qu'un impact insignifiant sur l'économie française.「最近の調査は、数学がフランス経済におよぼす波及効果は取るに足らないものであることを示している」

　第 3 段落では、数学が 285 milliards d'euros de valeur ajoutée, soit 15 % du PIB「2850 億ユーロ、すなわち国内総生産の 15%に相当する付加価値」をフランス経済にもたらしているという調査結果が紹介されており、「数学がもたらす経済的効果」が insignifiant「ごくわずかなもの」とする (6) の記述は本文の内容とは一致しません。

解答　(1) ①　(2) ①　(3) ②　(4) ②　(5) ②　(6) ②

仏検公式ガイドブックセレクション 1 級（2019-2023）

練習問題 3

次の文章を読み、右のページの(1) ～ (6)について、文章の内容に一致する場合は解答欄の①に、一致しない場合は②にマークしてください。

Aujourd'hui, les hiboux tuent à l'aide de leur bec. Mais il y a 55 millions d'années, ils utilisaient leurs pattes et leurs serres comme le font actuellement les aigles, révèle une étude internationale publiée dans le dernier numéro de la *Revue canadienne de paléontologie*.

Pour faire cette constatation, les chercheurs ont analysé le squelette particulièrement bien conservé d'un rapace découvert il y a 30 ans dans l'État du Wyoming (États-Unis). Ce spécimen a été baptisé *Primoptynx poliotaurus*. Il s'agit d'une espèce jusqu'alors inconnue. Ce genre d'oiseau, aujourd'hui disparu, aurait vécu durant le Paléogène, la période géologique qui s'est déroulée après l'extinction des dinosaures non-aviaires il y a 66 millions d'années. L'animal mesurait environ 50 centimètres. Si sa taille n'est pas fondamentalement impressionnante, une autre partie de son anatomie a intrigué les chercheurs. Anatole Dandrey, un des auteurs de l'article, affirme : « Ses pattes sont différentes de celles des hiboux et chouettes actuels. Nos hiboux ont quatre doigts avec des griffes de même taille pour attraper des proies relativement petites, et les tuer avec le bec. *Primoptynx* a les premier et second doigts plus longs, comme on le voit chez les éperviers, buses, aigles et autres membres de la famille des Accipitridés. Ces deux doigts plus développés sont utilisés pour épingler les proies, qui sont percées par les serres. *Primoptynx* était donc

106

筆記試験 7

une sorte de hibou qui chassait comme un aigle des mammifères de taille moyenne. »

D'après Anatole Dandrey, l'extinction de ces hiboux préhistoriques peut avoir été liée à une concurrence avec les oiseaux de proie diurnes Accipitridés qui aurait conduit les hiboux à changer de technique de chasse au cours de leur évolution.

(1) Anatole Dandrey suppose que la disparition de *Primoptynx poliotaurus* est due à la prolifération des mammifères.

(2) C'est une équipe canadienne qui a découvert la technique de chasse de *Primoptynx poliotaurus*.

(3) De nos jours, les hiboux attrapent des proies assez petites.

(4) La taille de *Primoptynx poliotaurus* fascine les chercheurs.

(5) Les hiboux et les aigles utilisent aujourd'hui leurs pattes et leurs serres de la même façon.

(6) Les hiboux ont changé de technique de chasse au cours des millénaires.

(21)

解説、先史時代のミミズクと、その進化について解説した文章です。

(1) Anatole Dandrey suppose que la disparition de *Primoptynx poliotaurus*

107

est due à la prolifération des mammifères.「Anatole Dandrey は *Primoptynx poliotarus* が消滅したのは哺乳類が増殖したためだと考えている」

　本文第3段落には、D'après Anatole Dandrey, l'extinction de ces hiboux préhistoriques peut avoir été liée à une concurrence avec les oiseaux de proie diurnes Accipitridés [...]「Anatole Dandrey によると、これらの先史時代のミミズク（= *Primoptynx poliotaurus*）が絶滅したのは、タカ科の昼行性の猛禽と競合したことと関連していた可能性があるとされる」とあります。したがって、設問文は本文の内容と一致しません。

⑵　C'est une équipe canadienne qui a découvert la technique de chasse de *Primoptynx poliotaurus*.「*Primoptynx poliotaurus* の狩りの技術を発見したのはカナダのチームである」

　本文第1段落には、Aujourd'hui, les hiboux tuent à l'aide de leur bec. Mais il y a 55 millions d'années, ils utilisaient leurs pattes et leurs serres comme le font actuellement les aigles, révèle une étude internationale publiée dans le dernier numéro de la *Revue canadienne de paléontologie*.「今日、ミミズクはくちばしで（獲物を）殺す。しかし、5500万年前、それは今日ワシがそうするように、脚とつめを使っていたことが、*Revue canadienne de paléontologie* 最新号に発表された国際研究によって明らかにされている」とありますから、設問文は本文の内容と一致しません。une équipe canadienne「カナダのチーム」という一節が本文の une étude internationale「国際研究」と対応していないことに気づけるかどうかが正答をみちびく鍵となっています。こうした細部にも心を配るようにしましょう。

⑶　De nos jours, les hiboux attrapent des proies assez petites.「今日では、ミミズクのとらえる獲物はかなり小さい」

　本文第2段落の Anatole Dandrey の発言には、Nos hiboux ont quatre doigts avec des griffes de même taille pour attraper des proies relativement petites, et les tuer avec le bec.「今日のミミズクにはつめのある同じ長さの指が4本あり、比較的小さな獲物をとらえ、くちばしで殺す」とあります。したがって、設問文は本文の内容と一致します。

⑷　La taille de *Primoptynx poliotaurus* fascine les chercheurs.「研究者たちは、*Primoptynx poliotaurus* の体長に強い関心をいだいている」

筆記試験 7

　本文第2段落第5、6文には、L'animal mesurait environ 50 centimètres. Si sa taille n'est pas fondamentalement impressionnante, une autre partie de son anatomie a intrigué les chercheurs.「その動物（= *Primoptynx poliotaurus*）の体長はおよそ50cmだった。その体長は基本的には驚くようなものではないが、研究者たちは体の構造の別の部分に興味をもった」とありますので、設問文は本文の内容と一致しません。

⑸　Les hiboux et les aigles utilisent aujourd'hui leurs pattes et leurs serres de la même façon.「今日、ミミズクとワシは脚やつめを同じように使っている」

　(2)でふれたとおり、本文第1段落には、現在のワシと同じように脚とつめを使っていたのは5500万年前のミミズクだということですので、設問文と本文の内容は一致しません。

⑹　Les hiboux ont changé de technique de chasse au cours des millénaires.「ミミズクは何千年もの間に狩りの技術を変えた」

　本文第3段落には、[...] une concurrence avec les oiseaux de proie diurnes Accipitridés [...] aurait conduit les hiboux à changer de technique de chasse au cours de leur évolution.「タカ科の昼行性の猛禽と競合したために、ミミズクは進化の過程で狩りの技術を変えることになったようだ」とありますので、設問文は本文の内容と一致しています。

解答　(1) ②　(2) ②　(3) ①　(4) ②　(5) ②　(6) ①

109

仏検公式ガイドブックセレクション1級 (2019-2023)

練習問題 4

次の文章を読み、右のページの (1) ~ (6) について、文章の内容に一致する場合は解答欄の①に、一致しない場合は②にマークしてください。

Avec ses 500 mètres de diamètre, Bennu, découvert en 1999, est l'un des deux astéroïdes de notre système solaire posant le plus de risques de collision avec la Terre. Une sonde a passé deux ans en orbite autour de Bennu, qu'elle a quitté en mai 2021 pour en rapporter des échantillons récoltés lors d'un contact de quelques secondes avec le sol, et qui arriveront sur Terre en 2023. La mission a permis d'étudier de très près l'astéroïde, et d'améliorer considérablement les prédictions sur sa trajectoire future. Les scientifiques ont conclu que les chances d'une collision avec la Terre d'ici 2300 n'étaient que de 0,06 %. Cela veut dire qu'il y a 99,94 % de chances que Bennu ne soit pas sur une trajectoire d'impact. Mais pourquoi n'est-on pas sûr de la chose à 100 % ?

En 2135, Bennu passera très près de la Terre, à seulement la moitié de la distance séparant notre planète de la Lune. Cela lui donnera la possibilité de traverser ce qu'on appelle un « trou de serrure gravitationnel », zone qui altèrerait légèrement l'orbite de l'astéroïde à cause de l'influence gravitationnelle de notre planète, le mettant ainsi sur une trajectoire de collision. Avant la mission, 26 « trous de serrure » semblaient se trouver sur le chemin de Bennu en 2135, mais grâce aux analyses permises par la sonde, les scientifiques en ont finalement exclu 24. Restent les deux

110

derniers.

Selon les calculs, la date la plus probable d'impact serait alors 2182. S'il arrivait, l'événement serait catastrophique. Généralement, la taille d'un cratère est de 10 à 20 fois la taille de l'objet ; donc pour Bennu, un trou de 5 à 10 km de diamètre, avec une zone de destruction représentant jusqu'à 100 fois la taille de la cavité.

(1) Dans un trou de serrure gravitationnel, la trajectoire de l'astéroïde recevra une influence de la Terre.

(2) D'après les scientifiques, Bennu pourrait heurter la Terre en 2182.

(3) La sonde qui était allée chercher des données n'a pas réussi à atterrir sur Bennu.

(4) On sait qu'il y a deux trous de serrure gravitationnels que Bennu risque de traverser en 2135.

(5) Si Bennu heurte la Terre, la zone de destruction fera entre 5 000 et 10 000 km de diamètre.

(6) Si l'on excepte Bennu, deux autres astéroïdes risquent de heurter notre planète.

(22)

解説 地球に衝突する可能性があるとされる小惑星ベンヌについての文章です。

(**1**) Dans un trou de serrure gravitationnel, la trajectoire de l'astéroïde

仏検公式ガイドブックセレクション 1 級（2019-2023）

recevra une influence de la Terre.「重力の鍵穴では、小惑星の軌道が地球の影響を受けるだろう」

　本文第 2 段落第 2 文には、Cela lui donnera la possibilité de traverser ce qu'on appelle un « trou de serrure gravitationnel », zone qui altèrerait légèrement l'orbite de l'astéroïde à cause de l'influence gravitationnelle de notre planète, le mettant ainsi sur une trajectoire de collision.「そのこと［＝ベンヌが 2135 年に地球のすぐ近くを通過すること］で、それ［＝ベンヌ］はいわゆる『重力の鍵穴』、すなわちわれわれの惑星の重力のせいで小惑星の軌道を少し変え、この小惑星を衝突する軌道に乗せてしまうかもしれないゾーンを通過する可能性があるだろう」とあります。したがって、設問文は本文の内容と一致します。

(2) D'après les scientifiques, Bennu pourrait heurter la Terre en 2182.「科学者によると、ベンヌは 2182 年に地球に衝突するかもしれないとされる」

　本文第 2 段落後半ではベンヌと地球の衝突の可能性が指摘されますが、それはベンヌが地球に接近するとされる 2135 年ではないことが示唆されます。というのも、当初 2135 年にベンヌの軌道に位置すると思われた 26 の「重力の鍵穴」のうちの 24 は、この小惑星を周回した探査機が可能にした分析によって排除されたからだというのです。そのうえで、第 3 段落冒頭では、Selon les calculs, la date la plus probable d'impact serait alors 2182.「そのため、計算によれば衝突の可能性がもっとも高い年は 2182 年になるようだ」と記されていますから、設問文は本文の内容と一致します。

(3) La sonde qui était allée chercher des données n'a pas réussi à atterrir sur Bennu.「データを集めに出発した探査機はベンヌに着陸することができなかった」

　本文第 1 段落第 2 文には、Une sonde a passé deux ans en orbite autour de Bennu, qu'elle a quitté en mai 2021 pour en rapporter des échantillons récoltés lors d'un contact de quelques secondes avec le sol, et qui arriveront sur Terre en 2023.「1 台の探査機が 2 年にわたりベンヌの周りを周回したが、その地表に数秒接触したときに集めた標本を持ち帰るべく、2021 年 5 月、ベンヌから離れた。標本は 2023 年に地球に到着する予定である」とあり、探査機は数秒とはいえベンヌに着陸していることがわかります。したがって、設問文は本文の内容と一致しません。

112

筆記試験 7

⑷ On sait qu'il y a deux trous de serrure gravitationnels que Bennu risque de traverser en 2135.「2135年にベンヌが通過するリスクのある重力の鍵穴は2つあることが知られている」

⑵でふれたとおり、本文第2段落後半ではまず、当初2135年にベンヌの軌道に存在すると思われた26の「重力の鍵穴」のうちの24が存在しないことが確認されたと示されます。そしてさらにこの段落は Restent les deux derniers.「残るのはあと2つだ」という文でしめくくられていますので、設問文は本文の内容と一致します。

⑸ Si Bennu heurte la Terre, la zone de destruction fera entre 5 000 et 10 000 km de diamètre.「ベンヌが地球に衝突した場合、破壊される範囲は直径5000から10000kmになるだろう」

本文第3段落第2文には、ベンヌと地球が衝突した場合、大災害となるだろうとありますが、その理由はつづく第3文に明かされます。つまり、Généralement, la taille d'un cratère est de 10 à 20 fois la taille de l'objet ; donc pour Bennu, un trou de 5 à 10 km de diamètre, avec une zone de destruction représentant jusqu'à 100 fois la taille de la cavité.「一般に、（天体衝突によって生じる）クレーターの大きさは（ぶつかる）物体の大きさよりも10〜20倍大きい。したがって、（直径500mの）ベンヌについては、直径5〜10kmの穴ができることとなり、破壊される範囲は、くぼみの大きさの100倍にまでおよぶ」とありますので、設問文と本文の内容は一致しません。

⑹ Si l'on excepte Bennu, deux autres astéroïdes risquent de heurter notre planète.「ベンヌをのぞいても、われわれの惑星に衝突するリスクのある小惑星がほかに2つある」

本文冒頭には、Avec ses 500 mètres de diamètre, Bennu, découvert en 1999, est l'un des deux astéroïdes de notre système solaire posant le plus de risques de collision avec la Terre.「1999年に発見された直径500mのベンヌは、地球と衝突するリスクのもっとも高い太陽系の2つの小惑星のうちのひとつだ」とありますので、設問文は本文の内容と一致しません。

解答 (1) ① (2) ① (3) ② (4) ① (5) ② (6) ②

113

仏検公式ガイドブックセレクション1級（2019-2023）

練習問題 5

次の文章を読み、右のページの(1)〜(6)について、文章の内容に一致する
場合は解答欄の①に、一致しない場合は②にマークしてください。

Le concept de la culture en bâtiment est séduisant mais
reste marginal en France. L'agriculture verticale, dont l'emprise
au sol est réduite, est présentée par ses promoteurs comme
une solution à la pression sur les terres. Mais ce modèle
compte aussi ses détracteurs, qui le considèrent comme un
gadget coûteux et, pour les cas les plus technologiques, trop
gourmand en énergie.

Ouverte à l'été 2020, la Cité maraîchère de Gally est un
lieu public hybride, à la fois serre horticole, espace de
sensibilisation, chantier d'insertion et café. L'originalité de cet
espace tient à ses usages multiples, mais aussi à sa conception
de l'agriculture verticale. Les légumes y poussent sous une
grande verrière, comme dans une serre, mais sur plusieurs
niveaux : six étages dans deux tours modernes. Le travail sous
serre permet d'allonger de quelques semaines les saisons de
culture et de s'affranchir de certains aléas météorologiques,
comme la pluie ou le vent. Basée sur l'ensoleillement, la
culture s'y fait sans apport de chauffage, ce qui réduit les
coûts.

À la Cité maraîchère de Gally, l'intention n'est pas de
produire massivement, mais d'amener de la nature en ville.
Voulu et pensé par l'ancien maire, Henri Delaporte, le projet
de tour maraîchère avait suscité une controverse en raison du
coût de ce chantier : huit millions d'euros. La nouvelle maire,

114

Michèle Bordier, élue en 2019, a finalement fait construire un bâtiment moins ambitieux, renforçant la dimension sociale et éducative. Le site emploie aujourd'hui 30 personnes en insertion.

« Les villes ne sont autonomes ni en eau, ni en énergie, ni en alimentation, explique Michèle Bordier, et elles rejettent du carbone. L'idée de l'agriculture verticale est de les rendre compatibles avec la nature, en libérant des terres. Et puis, avant d'être un lieu de production, notre Cité maraîchère est un lieu de vie. C'est donc un modèle prometteur sur le plan social. »

(1) À la Cité maraîchère de Gally, un taux de rendement élevé est primordial.

(2) Avec le travail sous serre, les saisons de culture sont plus courtes à la Cité maraîchère de Gally.

(3) La Cité maraîchère de Gally a plusieurs fonctions comme l'horticulture, l'éducation, la formation et la restauration.

(4) L'agriculture verticale est parfois accusée d'être onéreuse et trop gourmande en énergie.

(5) Michèle Bordier a baissé le coût de construction de la Cité maraîchère de Gally.

(6) Selon Michèle Bordier, l'agriculture verticale est condamnée en raison de son impact social.

(23)

仏検公式ガイドブックセレクション1級（2019-2023）

解説 Gally 野菜集約栽培地区における垂直農法の試みを紹介した文章です。

⑴ À la Cité maraîchère de Gally, un taux de rendement élevé est primordial. 「Gally 野菜集約栽培地区では、生産率の高さがもっとも重要である」

　本文第3段落冒頭には、À la Cité maraîchère de Gally, l'intention n'est pas de produire massivement, mais d'amener de la nature en ville.「Gally 野菜集約栽培地区の趣旨は、大量生産ではなく、地区に自然をもたらすことである」とありますので、設問文は本文の内容に一致しません。

⑵ Avec le travail sous serre, les saisons de culture sont plus courtes à la Cité maraîchère de Gally.「温室農法を用いることで、Gally 野菜集約栽培都市の栽培期間はより短くなっている」

　本文第2段落では、Gally 野菜集約栽培地区がどのような施設であるかが説明されています。この段落の第4文には、Le travail sous serre permet d'allonger de quelques semaines les saisons de culture et de s'affranchir de certains aléas météorologiques, comme la pluie ou le vent.「温室農法のおかげで、栽培期間を数週間のばし、雨風といった一部の気象上の危険から逃がれることができる」とあります。したがって、設問文は本文の内容に一致しません。

⑶ La Cité maraîchère de Gally a plusieurs fonctions comme l'horticulture, l'éducation, la formation et la restauration.「Gally 野菜集約栽培地区には園芸、教育、育成、レストラン業などいくつもの役割がある」

　おなじく本文第2段落冒頭には、Ouverte à l'été 2020, la Cité maraîchère de Gally est un lieu public hybride, à la fois serre horticole, espace de sensibilisation, chantier d'insertion et café.「2020 年夏に開業した Gally 野菜集約栽培地区は、園芸温室であると同時に、啓発の場であり、人々の同化の場であり、そしてカフェであるというように異質な要素をあわせもつ公共の場である」とありますから、設問文は本文の内容に一致します。

⑷ L'agriculture verticale est parfois accusée d'être onéreuse et trop gourmande en énergie.「垂直農法は、時として費用が高く、またエネルギー消費が多すぎると非難されることがある」

　本文第1段落第3文には、Mais ce modèle compte aussi ses détracteurs, qui le considèrent comme un gadget coûteux et, pour les cas les plus

116

technologiques, trop gourmand en énergie. 「しかしこのモデル［＝垂直農法］にも批判者がいる。彼らはこのモデルをコストのかかるガジェット（おもちゃ）であり、もっとも高度な技術を用いた事例では、エネルギー消費が多すぎると見なしているのである」とあります。したがって、設問文は本文の内容と一致します。

(5) Michèle Bordier a baissé le coût de construction de la Cité maraîchère de Gally. 「Michèle Bordier 氏は Gally 野菜集約栽培地区建設費用を下げた」

　本文第 3 段落では、まず Henri Delaporte 氏が市長を務めていた時期に、Gally 野菜集約栽培地区建設にかかるコストをめぐって、論争が起こったと語られます。そしてこの段落の第 3 文で、La nouvelle maire, Michèle Bordier, élue en 2019, a finalement fait construire un bâtiment moins ambitieux, renforçant la dimension sociale et éducative. 「2019 年に選出された新市長の Michèle　Bordier 氏は、最終的によりひかえめな施設を建設し、（施設の）社会的、教育的な側面を強化することとした」とあります。前後の文脈をふまえると、un bâtiment moins ambitieux「ひかえめな施設」とは、コスト面で「ひかえめ」であると想像がつくことでしょう。設問文は本文の内容と一致します。

(6) Selon Michèle Bordier, l'agriculture verticale est condamnée en raison de son impact social. 「Michèle Bordier 氏によると、垂直農法はその社会的影響力のせいで非難されている」

　垂直農法についての Michèle　Bordier 氏の考えは、本文第 4 段落の引用文に示されています。まず冒頭では、「都市は水、エネルギー、食料の供給という面で、自律した存在ではありえず、一方で、（地球温暖化につながる）二酸化炭素を排出する」と語られます。しかし、垂直農法は都市を自然と両立可能なものにするというのです。そして最後に、Gally 野菜集約栽培地区に託される希望が強調されます。Et puis, avant d'être un lieu de production, notre Cité maraîchère est un lieu de vie. C'est donc un modèle prometteur sur le plan social. 「そしてなによりも、私たちの野菜集約栽培地区は生産の場である以前に、生活の場なのです。したがってそれは、社会的レベルで有望なモデルなのです」。つまり、設問文は本文の内容と一致しません。

解答　(1) ②　　(2) ②　　(3) ①　　(4) ①　　(5) ①　　(6) ②

仏検公式ガイドブックセレクション 1 級 （2019-2023）

8

　長文を読み、その内容を、設問にしたがって**日本語で要約**する問題です。設問の内容は、文章の筆者ないしは文中で引用されている論者の見解をまとめるものが中心ですが、文中で提示されている概念や術語の説明を求める形式の出題もあります。他の長文問題の場合と同様、フランス語の文章の正確な読解が解答の前提になることは言うまでもありませんが、ここでは読み取った内容を簡潔な日本語で敷衍できるかどうかが問われることになります。読解と要約という 2 つのプロセスはもちろん別個のものではなく、とりわけ時間の制約がある場合、文章を読みながら、同時にその内容を整理していかなければなりません。ただし、注意すべきは、この問題が要求しているのはあくまで<u>論旨の要約であって、日本語訳ではない</u>という点です。論点の整理にあたってポイントになりそうな記述や用語をおさえておくのは当然とはいえ、多くの場合、設問の内容に対応する記述は複数の文（場合によっては複数のパラグラフ）にまたがるため、文やその一部を日本語に置きかえるだけではこの問題の解答にはなりません。

筆記試験 8

練習問題 1

次の文章を読み、右のページの (1)、(2) に、指示にしたがって**日本語**で答えてください。句読点も字数に数えます。

L'écrivain et botaniste français Jacques Richard est connu pour ses nombreux ouvrages sur le monde botanique. Mais son plus bel exploit est le jardin Saadi qui surplombe Tanger. Jacques Richard est arrivé au Maroc il y a plus de 30 ans. Arrivé à Tanger, ce natif d'Orléans est tout de suite tombé amoureux de la ville. Il raconte qu'il s'est endormi sous un figuier et qu'après avoir fait un rêve étrange, il s'est réveillé avec une seule idée : se faire construire un jardin sur les collines de Tanger.

Son père, mort peu de temps avant, lui avait légué une petite somme, avec laquelle il a entrepris son projet. Il s'est fait aider par les habitants des villages d'alentour et a embauché au total plus de 600 personnes. Construire une piste, ériger des murs, bâtir trois maisons, transporter des tonnes de terres arables, tout cela a pris des années. Mais le résultat est là et la cause est noble. Car le vrai combat de Jacques Richard a été de sauver des milliers d'espèces végétales locales. Il raconte comment ces plantes l'ont effectivement fasciné, dès son arrivée dans la ville : « Les plantes et les bulbes comme l'iris de Tanger étaient partout. À seulement quelques kilomètres de la ville, on pouvait admirer de grandes étendues de fleurs. J'en ai été frappé. »

20 ans plus tard, le jardin Saadi reste un paradis d'arbres d'ombrage, de verdure enchevêtrée et de fleurs en forme de

119

仏検公式ガイドブックセレクション１級（2019-2023）

bijoux s'étendant à perte de vue sur des terrasses reliées par des méandres de pierre. Jacques Richard n'y cultive que « des végétaux menacés par l'urbanisation qui défigure le nord du Maroc, arrachés aux mâchoires des pelleteuses et des bulldozers ». De plus, ce projet a grandement aidé la population locale. Avant l'édification de ce coin de paradis, les femmes du village devaient marcher plus de trois kilomètres pour chercher de l'eau à la source. Dans son jardin, Jacques Richard a creusé un puits de 90 mètres de profondeur et l'a rendu accessible à tous.

⑴ Jacques Richard の庭園の特徴は何であると筆者は述べていますか。(40 字以内)

⑵ 筆者によれば、Jacques Richard の庭園は地域の人々にどのような影響を あたえましたか。(50字以内)

(19)

解説 ある作家がモロッコの Tanger 近郊に築いた庭園に関する文章です。

⑴ 「Jacques Richard の庭園の特徴は何であると筆者は述べていますか」

筆者は第1段落で、植物学者でもある作家 Jacques Richard が庭作りを思い立った経緯を述べたあと、第2段落では実際の造園のようすを説明しています。筆者はここで Jacques Richard による造園の目的が sauver des milliers d'espèces végétales locales「この地方の多くの種類の植物を救うこと」にあったと記していますが、第3段落では、これを敷衍する形で、作家自身のことばを引用し、Jacques Richard n'y cultive que « des végétaux menacés par l'urbanisation qui défigure le nord du Maroc [...] »「Jacques Richard は自分の庭で、『モロッコ北部の景観を損ないつつある都市化の進展によっておびやかされている植物』だけを育てている」と述べています。「庭園の特徴」を問う⑴については、以上の内容をまとめ、「(絶滅の) 危機に瀕している植物のみが栽培されている」という点を軸に、庭作りの背景をなす「モロッ

120

コ北部の都市化の進行」に言及すればよいでしょう。解答例の「都市化が進むモロッコ北部で絶滅の危機にあった植物だけを育てていること」のほか、「モロッコ北部の都市化の進行によって失われつつある植物に特化した栽培をおこなっている」なども可能です。本文には、庭園で育てられている植物の種類について、ne... que を用いた限定があり、日本語による要約でもこの点を反映した表現が求められることになります。

(2) 「筆者によれば、Jacques Richard の庭園は地域の人々にどのような影響をあたえましたか」

　本文では、Richard の庭園が地域の住民におよぼした影響について、第2段落と第3段落の2ヵ所に言及があります。まず第2段落では、Il (= Jacques Richard) s'est fait aider par les habitants des villages d'alentour et a embauché au total plus de 600 personnes.「(造園にあたって) Jacques Richard は周辺の村の住人たちの協力をあおぎ、のべ 600 人以上を雇用した」とあり、この部分は「造園による雇用の創出」という形でまとめることができます。また、第3段落の後半では、De plus, ce projet a grandement aidé la population locale.「そのうえ、この計画は地域の人々に大きな恩恵をもたらした」という記述につづいて、その具体的な内容が説明されています。すなわち、庭が作られる以前は、[...] les femmes du village devaient marcher plus de trois kilomètres pour chercher de l'eau à la source.「村の女性たちは水源まで水を汲みにいくのに 3 キロ以上歩かなければならなかった」が、Dans son jardin, Jacques Richard a creusé un puits de 90 mètres de profondeur et l'a rendu accessible à tous.「Jacques Richard は自分の庭に深さ 90 メートルの井戸を掘って人々に開放した」ということですから、2 点目に関しては、「井戸の掘削によって女性たちの労苦が解消された」という内容を述べればよいでしょう。1 点目の「造園による雇用の創出」と合わせ、設問 (2) の「庭園が地域の人々にあたえた影響」については、「造園によって雇用の機会が生まれ、井戸を掘って一般に開放することで女性たちの苦労を解消した」といった解答を考えることができます。

仏検公式ガイドブックセレクション 1 級（2019-2023）

解答例

(1) 都市化が進むモロッコ北部で絶滅の危機にあった植物だけを育てていること。(35 字)

(2) 造園によって雇用の機会が生まれ、井戸を掘って一般に開放することで女性たちの苦労を解消した。(45 字)

筆記試験 8

練習問題 2

次の文章を読み、右のページの(1)〜(3)に、指示にしたがって**日本語**で答えてください。句読点も字数に数えます。

Pourrons-nous bientôt profiter d'autant de vacances que nous le désirons ? Né aux États-Unis dans les années 2000, le concept de congés payés illimités est de plus en plus répandu outre-Atlantique.

Cette politique, appliquée par certaines entreprises, est basée sur la confiance : les employés sont libres de prendre autant de jours de vacances que souhaité, à partir du moment où le job est fait. L'enjeu est de responsabiliser l'individu pour qu'il puisse organiser son temps de travail, mais aussi son temps de repos. « Nous devons nous concentrer sur ce qui doit être accompli par l'employé, pas sur le nombre d'heures qu'il effectue », avançait déjà Netflix en 2008, dans son rapport « Liberté et Responsabilité ».

En France, une étude menée en mai 2019 par le site de recherche d'emploi Jooble a montré que les offres proposant des vacances illimitées avaient augmenté de 65 % en douze mois. Nous restons tout de même largement derrière les États-Unis. Cet écart s'explique notamment par les différences de système entre les deux pays. Les employés français bénéficient d'au moins cinq semaines de congés payés, tandis que les patrons américains sont libres de ne pas en accorder du tout.

Nous aimerions toutes et tous pouvoir prendre davantage de vacances. Mais le ferions-nous vraiment si nous en avions la possibilité ? En 2019, des recherches réalisées par la société

123

仏検公式ガイドブックセレクション1級 (2019-2023)

Netchex ont montré que les employés américains jouissant de congés illimités ne se reposaient en moyenne que 14 jours par an, contre 16 pour le personnel soumis au régime habituel.

Aurélie Durand, sociologue, souligne que le nouveau modèle n'est pas sans conséquences négatives. « Quand les congés sont à la libre initiative de l'employé, il n'en prend pas. Il a tendance à en faire trop quand il n'a pas de cadre légal de protection. La pression peut notamment l'amener à s'impliquer excessivement dans l'entreprise, parfois au détriment de sa santé », affirme-t-elle.

⑴ 無制限の有給休暇は、従業員にどのようなことを求める制度ですか。(30字以内)

⑵ 筆者によると、フランスとアメリカ合衆国における無制限の有給休暇の定着率の開きは両国のどのようなちがいによるとされますか。(25字以内)

⑶ 本文では、無制限の有給休暇が従業員におよぼす影響についてどのような懸念が指摘されていますか。(35字以内)

(20)

解説 「無制限の有給休暇」の取得を可能にするという、アメリカで生まれた新しい就業モデルについて述べた文章です。

⑴「無制限の有給休暇は、従業員にどのようなことを求める制度ですか」
「無制限の有給休暇」について、筆者は第2段落で、[...] les employés sont libres de prendre autant de jours de vacances que souhaité, à partir du moment où le job est fait.「仕事が終わった時点で、従業員は何日でも望む限りの休暇を取得することができる」という原則を述べ、この制度の眼目が、responsabiliser l'individu pour qu'il puisse organiser son temps de travail, mais aussi son temps de repos「就業時間と同様、休暇の時間についても各

124

自の責任で管理するようにうながす」点にあることを説明しています。その
うえで、« Nous devons nous concentrer sur ce qui doit être accompli par
l'employé, pas sur le nombre d'heures qu'il effectue »「働いた時間ではなく、
成し遂げられるべき成果にしぼって（従業員の評価をおこなわなければなら
ない）」という Netflix 社の方針が示されていることから、(1) については、
この 2 つをまとめ、「就業と休暇の予定を各自が管理する」、および「労働の
成果に対して責任を負う」の 2 点に言及することになります。

(2)　「筆者によると、フランスとアメリカ合衆国における無制限の有給休暇
の定着率の開きは両国のどのようなちがいによるとされますか」

　本文の第 3 段落で、筆者は、フランスとアメリカにおける新たな就業モデ
ルの定着率に相当の差があることを指摘し、その理由を les différences de
système entre les deux pays「2 つの国の制度上のちがい」に求めています。
より具体的には、Les employés français bénéficient d'au moins cinq semaines
de congés payés, tandis que les patrons américains sont libres de ne pas en
accorder du tout.「フランスの従業員が少なくとも（年に）5 週間の有給休
暇を取得できるのに対し、アメリカの雇用者は従業員に有給休暇をいっさい
あたえないことも可能である」ということですが、言いかえればアメリカの
場合、企業に対して有給休暇の付与が義務づけられていないということです
から、(2) については、「企業や雇用者が有給休暇をもうける義務を負ってい
るかどうか」という内容を答えればよいことになります。

(3)　「本文では、無制限の有給休暇が従業員におよぼす影響についてどのよ
うな懸念が指摘されていますか」

　「無制限の有給休暇」の弊害について、本文では第 5 段落で、le nouveau
modèle n'est pas sans conséquences négatives「新たな就業モデルには好ま
しくない結果がともなうこともある」という社会学者 Aurélie Durand の見
解が引用されています。Durand によれば、Quand les congés sont à la libre
initiative de l'employé, il n'en prend pas. Il a tendance à en faire trop quand
il n'a pas de cadre légal de protection.「休暇の取得が各自の裁量に委ねられ
ると、従業員は休暇を取得せず、（就労者を保護する）法的な枠組みが存
在しない場合、無理に仕事をしてしまう傾向がある」とされ、その結果、
La pression peut notamment l'amener à s'impliquer excessivement dans
l'entreprise, parfois au détriment de sa santé「プレッシャーのあまり、とき

仏検公式ガイドブックセレクション 1 級（2019-2023）

には健康を犠牲にしてでも過度に仕事に身を入れてしまう」ということですから、「無制限の有給休暇」が従業員にもたらす「好ましくない影響」については、以上の内容をまとめ、「休暇を取らずに働きすぎの状態になり、健康をそこねるおそれがある」とすればよいでしょう。本文の en faire trop は「無理をする」という意味の熟語表現になることに注意してください（たとえば s'en aller「立ち去る」、en vouloir à「〜を恨む」といった言い方の場合と同様で、この en はひとまとまりの表現の一部をなし、代名詞として先行する文の要素をうけているわけではありません）

解答例

(1) 就業と休暇の予定をみずから管理し、成果に対して責任をもつ。(29 字)

(2) 企業に有給休暇をもうける義務があるかどうか。(22 字)

(3) 十分に休暇を取らずに働きすぎの状態になり、時として健康を害する。(32 字)

筆記試験 8

練習問題 3

　次の文章を読み、右のページの (1) ～ (3) に、指示にしたがって**日本語**で答えてください。句読点も字数に数えます。

　À l'école non plus, l'argent n'est pas un sujet facile à aborder. Actuellement, la Banque de France expérimente un « brevet du budget » avec certains collégiens. À l'issue d'un enseignement de deux heures et après avoir répondu à un questionnaire, les élèves recevront un « passeport d'éducation financière », dans l'esprit du brevet de sécurité routière.

　« Cette expérimentation, entamée en 2019 dans deux collèges de Palaiseau, a été élargie en 2020 à cinq villes, et il faudra décider ensuite de sa généralisation », indique Richard Sandrier, directeur de l'éducation financière à la Banque de France. « Il est essentiel que les jeunes soient sensibilisés aux questions budgétaires au moins une fois dans leur scolarité, quels que soient la façon dont on parle d'argent dans leur famille ou le niveau de revenus de leurs parents. C'est une question de sécurité. » Ces enseignements sont d'autant plus importants que la dématérialisation des moyens de paiement peut entraîner des problèmes, et qu'on peut désormais souscrire des produits financiers sans même franchir la porte d'un établissement bancaire.

　L'initiative est menée dans le cadre de la « stratégie nationale d'éducation financière », lancée en 2016 par Bercy et pilotée par la Banque de France. Une première action avait été effectuée fin 2017, avec la mise en ligne de fiches pédagogiques destinées aux enseignants du primaire et aux

127

仏検公式ガイドブックセレクション1級（2019-2023）

professeurs de mathématiques du collège. Celles-ci ont été téléchargées mille fois en 2019, un nombre en progression par rapport à 2018, mais il y a encore beaucoup à faire pour qu'elles gagnent en notoriété.

Comment expliquer la relative faiblesse de cet enthousiasme ? « Le projet traite de sujets qui ne sont pas dans les programmes, déjà très chargés. Il y a aussi une forte réticence de certains enseignants à évoquer ces questions », affirme Richard Sandrier.

(1) Richard Sandrier 氏によると、生徒たちは就学中にどうすることが大切だとされていますか。（30字以内）

(2) 筆者によると、学校における金融教育の必要性は、金銭をめぐるどのような状況から生じているとされていますか。（25字以内）

(3) Richard Sandrier 氏は、学校における金融教育に対する関心が低いのはどのような理由によると考えていますか。（40字以内）

(21)

解説 学校における金融教育導入の試みについて取り上げた文章です。

(1) 「Richard Sandrier 氏によると、生徒たちは就学中にどうすることが大切だとされていますか」

本文第1段落では、まずフランス銀行が一部の中学生を対象に金融教育をおこなう試みを実験的におこなっていることが紹介されます。生徒たちは所定の2時間の授業を受け、そのあとアンケートに答えると「金融教育パスポート」という免状をあたえられるというのです。つづく第2段落では、フランス銀行金融教育部長 Richard Sandrier 氏の発言が引用され、2019年にパレゾーの2つの中学校でおこなわれた実験が2020年には5つの都市に拡大されたこと、さらに同氏がこの試みを全国にひろげるかどうか決定する必要があると考えていることが明かされます。正答をみちびくうえで鍵となるの

128

が、Richard Sandrier 氏の発言とされる 2 つ目の引用です。解答にあたっては、1. Il est essentiel que les jeunes soient sensibilisés aux questions budgétaires au moins une fois dans leur scolarité「若者たちに就学中に少なくとも 1 度は予算問題に関心をもたせることが重要だ」、2. quels que soient la façon dont on parle d'argent dans leur famille ou le niveau de revenus de leurs parents「家庭でお金がどのように話題にされていようと、また両親の収入水準がどのようであろうと」という 2 つのポイントがともに盛り込まれなくてはなりません。とくに 2 つ目のポイントについては文意を的確にとらえたうえで、自分のことばで簡潔にまとめられるかどうかがためされます。

(2)「筆者によると、学校における金融教育の必要性は、金銭をめぐるどのような状況から生じているとされていますか」

　おさえるべき文は、第 2 段落 Richard Sandrier 氏の発言とされる 2 つ目の引用の直後の Ces enseignements sont d'autant plus importants que la dématérialisation des moyens de paiement peut entraîner des problèmes, et qu'on peut désormais souscrire des produits financiers sans même franchir la porte d'un établissement bancaire.「こうした教育（= 金融教育）は、支払い手段のキャッシュレス化によって問題が起こる可能性があり、さらにいまや銀行の敷居をまたがなくても金融商品を契約できるだけにいっそう重要だ」という文です。ここでも 1.「キャッシュレス化」、2.「銀行商品契約の簡略化」という 2 つのポイントをおさえる必要がありますが、「銀行に行かなくてもよい」=「（手続きの）簡略化」と要約するのはかなりむずかしいところかもしれません。

(3)「Richard Sandrier 氏は、学校における金融教育に対する関心が低いのはどのような理由によると考えていますか」

　第 3 段落では、学校における金融教育の提唱は、2016 年に財務省が打ち出し、フランス銀行の指導でおこなわれている「金融教育国家戦略」の枠組みのなかでなされており、2017 年末にウェブにアップされた小中学校の教員向けの教材のダウンロード数はふえつつあるものの、この教材が知名度を獲得するにはまだ多くの課題が残されていると語られます。そしてつづく第 4 段落の Richard Sandrier 氏の発言に「学校における金融教育に対する関心の低さ」の理由が示されています。この設問でも、1. Le projet traite de sujets qui ne sont pas dans les programmes, déjà très chargés.「この計画（=

仏検公式ガイドブックセレクション1級（2019-2023）

金融教育計画）はすでに過密なプログラムに入っていない主題を扱っている」、2. Il y a aussi une forte réticence de certains enseignants à évoquer ces questions.「こうした問題（＝金融問題）にふれることに対する一部の教員の強いためらいもある」という2点をおさえて、簡潔にまとめなくてはいけません。

解答例

(1) 家庭環境にかかわらず、予算、金融問題に関心を持つこと。(27字)

(2) キャッシュレス化と銀行商品契約の簡略化。(20字)

(3) すでに過密なカリキュラム上になく、教師が扱うのをためらう主題だから。(34字)

筆記試験 8

練習問題 4

次の文章を読み、右のページの (1) ～ (3) に、指示にしたがって**日本語**で答えてください。句読点も字数に数えます。

Faut-il parler de « bac au rabais » lorsque des entorses ont lieu dans le déroulement traditionnel des épreuves ? Certains le disent tout bas pour le baccalauréat de 2021. L'historien de l'éducation Claude Picot pense tout autre chose. En fait, il a examiné le bac de 1968. Cette année-là, en raison des événements de mai, les épreuves avaient été organisées dans l'urgence après la fin du mouvement. Elles avaient été réduites à un simple oral portant sur les matières principales et un test d'éducation physique. 81 % des candidats avaient été reçus, score nettement plus élevé que la moyenne de l'époque puisqu'ils n'étaient que 62 % lors de la session de 1967.

Claude Picot a également utilisé un rapport de 2005 sur le parcours des bacheliers de 1968. Chiffres à l'appui, l'auteur du rapport parle d'un « destin économique et social inespéré ». Avec des étudiants plus nombreux à intégrer l'université, cette tendance s'est ensuite traduite par un surcroît de salaire et de réussite professionnelle en comparaison avec la moyenne des années 1960-67. Dans les années 1990, les enquêtes sur l'emploi de l'INSEE signalaient que la probabilité de devenir cadre s'était accrue pour les jeunes soixante-huitards de 10 % par année d'études validée, chaque année passée à l'université ayant pour effet d'augmenter en moyenne le salaire de 14 %.

Se basant sur plusieurs comptes-rendus établis dans les

131

仏検公式ガイドブックセレクション 1 級（2019-2023）

années 1990-2000, Claude Picot s'est par ailleurs intéressé au destin des enfants dont les pères avaient un « bac 68 » en les confrontant à celui des enfants des générations précédentes et suivantes. La conclusion de cette mise en perspective s'est avérée surprenante : les filles et fils de ces bacheliers ont moins redoublé que les autres enfants, notamment au lycée, chaque année de formation supérieure suivie par les pères se traduisant mécaniquement par une diminution du risque de redoubler de 30 % pour leurs enfants.

Il n'est toutefois pas certain que ces résultats souvent méconnus soient de nature à rassurer les candidats de 2021 au baccalauréat.

⑴ 筆者によれば、1968 年のバカロレアの、例年にない特殊な点は何ですか。（35 字以内）

⑵ 筆者によれば、1968 年のバカロレア取得者を親にもつ子どもたちに見られる特色は何ですか。（35 字以内）

⑶ 2005 年の報告にもとづくと、2021 年のバカロレア取得者はどのような将来が期待できると筆者は述べていますか。（25 字以内）

(22)

解説 1968 年のバカロレア取得者についての調査から予測する 2021 年のバカロレア取得者の未来について論じた文章です。

⑴ 「筆者によれば、1968 年のバカロレアの、例年にない特殊な点は何ですか」

本文第 1 段落冒頭ではまず、2021 年のバカロレアについて、伝統的な方法で実施されなかったために、「安っぽいバカロレア」、すなわち試験としての質が下がったのではないか、と一部の人々から見なされていることが指摘

132

筆記試験 8

されます。しかし、教育学者の Claude Picot 氏は、1968 年に実施されたバ
カロレアについての研究結果をもとに、別の見解を示しているというのです。
正答をみちびくうえでおさえるべきなのは、1968 年のバカロレアについて
説明された第 1 段落後半の 3 文となりますが、逐語訳では指定の字数内
に収まりませんので、文意をふまえながらコンパクトに言いかえる工夫を
しましょう。まず、Cette année-là, en raison des événements de mai, les
épreuves avaient été organisées dans l'urgence après la fin du mouvement.
「この年は、5 月の事件のせいで、(バカロレアの) 試験は社会運動が終結し
たあとに急いで準備された」という一節は、「従来の運営ができなかった」
と言いかえることができるでしょう。ちなみに 5 月の事件とは、学生運動を
きっかけとして勃発した社会運動の 5 月革命を指します。つづいて、この年
のバカロレアが具体的にどのように実施されたか説明されます。つまり、
Elles [= les épreuves] avaient été réduites à un simple oral portant sur les
matières principales et un test d'éducation physique. 「(バカロレアの) 試験は、
主要教科についての簡単な口頭試験と体育のテストにとどめられた」わけで
すが、この一節は「試験が簡略化された」と要約できるでしょう。そして試
験の結果が示された 81 % des candidats avaient été reçus, score nettement
plus élevé que la moyenne de l'époque puisqu'ils n'étaient que 62 % lors de
la session de 1967. 「受験者の 81 % が合格したが、このスコアは当時の平均
よりも明らかに高い。というのも、1967 年の試験で合格したのは 62 % にす
ぎなかったからだ」という文は、「合格率が大幅に上昇した」とまとめられ
るでしょう。

(2)「筆者によれば、1968 年のバカロレア取得者を親にもつ子どもたちに見
られる特色は何ですか」

1968 年のバカロレア取得者の子どもたちと、前後の世代の人々の子ども
たちの比較結果は第 3 段落後半に示されます。とりわけ重要なのは、les
filles et fils de ces bacheliers ont moins redoublé que les autres enfants,
notamment au lycée, chaque année de formation supérieure suivie par les
pères se traduisant mécaniquement par une diminution du risque de
redoubler de 30 % pour leurs enfants. 「このバカロレア取得者 [= 1968 年
のバカロレア取得者] の娘や息子たちは、ほかの子どもたちよりも落第する
ことが少なかった。これは、とりわけ高校においてあてはまり、父親が 1 学

133

年上の教育を受けるごとに、その子どもたちが落第する確率は自動的に30％減少する」という一節です。ここでも具体的な数字といった枝葉末節を整理して、自分のことばで文意を的確にまとめる日本語運用能力がためされます。

⑶ 「2005年の報告にもとづくと、2021年のバカロレア取得者はどのような将来が期待できると筆者は述べていますか」

　本設問に取り組むにあたっては、2021年のバカロレア取得者の将来について、1968年の結果をもとに予測されていることをまず念頭に置く必要があります。第2段落の冒頭には、Claude Picot氏が1968年のバカロレア取得者のキャリアに関する2005年の報告を用いた、とありますので、ここでは第2段落の内容に注目してみましょう。この報告の執筆者は当該年のバカロレア取得者の「思いがけない経済・社会的運命」について言及しているとされます。ここでとくにおさえたいキーフレーズが、第2段落第3文 Avec des étudiants plus nombreux à intégrer l'université, cette tendance s'est ensuite traduite par un surcroît de salaire et de réussite professionnelle en comparaison avec la moyenne des années 1960-67. 「大学に入学する学生数が多かったため、それに引きつづいてこの傾向は1960〜67年の平均と比較すると給料と職業的成功の増大という形で現れた」になります。なお、つづく第4文は、直前の文の内容を敷衍したものとなっており、1968年のバカロレア取得者の「職業的成功」を物語る具体的な数値が提示されています。つまり、1990年代におこなわれたINSEEの調査によると、1968年のバカロレア取得者については、1学年上の大学教育を受けるごとに中間管理職につく確率が10％高くなり、給料は平均で14％あがるというのです。解答にあたっては、第3文の内容をまずふまえながら、この文にふくまれる「職業的成功」とは、昇進を指すことを第4文から確認するとよいでしょう。

解答例

⑴ 従来の運営ができず試験が簡素化されて合格率が大幅に上昇したこと。（32字）

⑵ 父親が高学歴であればあるほどとくに高校で落第する率が下がること。（32字）

⑶ 高学歴を得て昇進と高給に恵まれること。（19字）

筆記試験 8

練習問題 5

次の文章を読み、右のページの (1) ～ (3) に、指示にしたがって**日本語**で答えてください。句読点も字数に数えます。

Enfin ! Les voitures se mettent à voler cette année. Des entreprises multiplient les prototypes et réalisent des tests de validation dans le monde entier. On n'y croyait plus. L'un des premiers concepts de voiture volante remonte à 1917 mais l'engin était retombé pitoyablement après quelques sauts en l'air. Depuis, plusieurs machines avaient effectué des tests spectaculaires... pour être aussitôt remballées. Mais cette fois, ça y est !

Le principal défi a longtemps consisté à faire décoller verticalement un véhicule et à lui faire parcourir quelques dizaines de kilomètres au-dessus des villes pour transporter deux à quatre personnes, dont le ou la pilote. Pour cela, il a fallu l'équiper d'une batterie très puissante dont l'emballement thermique a créé des problèmes : la surchauffe ou la surcharge électrique des accumulateurs entraînait parfois des incendies ou des explosions. Aujourd'hui, il n'y a plus d'obstacle technique. La solution est venue d'une nouvelle génération de batteries dotées d'un électrolyte solide et stable. Ainsi, une vingtaine de ces voitures ont déjà réussi à s'élever dans les airs.

Des écueils à surmonter subsistent néanmoins. D'abord, le bruit. Les fabricants tentent de limiter les nuisances sonores liées aux véhicules car l'enjeu de l'acoustique est fondamental dans un environnement urbain. Par ailleurs, il va falloir

135

仏検公式ガイドブックセレクション 1 級 (2019-2023)

évaluer comment ces nuisances seront perçues par la population. Ce ne sont pas forcément les bruits les plus forts qui gênent le plus. Par exemple, le son émis par un drone n'est pas énorme, mais il peut être perturbant car les gens n'y sont pas habitués.

Le pilotage automatique demeure lui aussi un défi. En fait, tous les spécialistes disent qu'un véhicule 100 % autonome est techniquement réalisable. L'intelligence à bord est suffisamment performante et les tests en cours ont souvent lieu sans pilote. Reste l'acceptation psychologique. Avant d'essayer de se passer de pilote, il faut d'abord convaincre les usagers de la sécurité des vols pilotés manuellement. Les sociétés de transport ne pourront proposer le pilotage automatique des voitures volantes qu'une fois la confiance du public gagnée.

⑴ 飛行する車の実現のために必要なものは何でしたか。(35 字以内)

⑵ 飛行する車の音の問題に対してどのような対処が必要とされますか。(30 字以内)

⑶ 飛行する車の自動操縦化を実現するためにしなくてはならないことは何ですか。(30 字以内)

(23)

解説 飛行する車の実現化に関する文章です。

(1)「飛行する車の実現のために必要なものは何でしたか。」

本文第 2 段落冒頭では、飛行する車の実現のためには、パイロットをふくむ 2～4 名が乗った車を垂直に離陸させ、数十キロ飛行させることが長らく課題となっていたと語られています。そしてつづく第 2 文が正答をみちびく

ための鍵となります。ここで、ドゥー・ポワンの前の一節に注目すると、Pour cela, il a fallu l'équiper d'une batterie très puissante dont l'emballement thermique a créé des problèmes「そのため［＝複数の人を乗せて車を数十キロ飛行させるため］には、ひじょうに強力なバッテリーを備え付ける必要があったが、バッテリーの加熱が問題を起こした」とありますから、必要なものはまず、「ひじょうに強力なバッテリー」となります。しかしながら、こうしたバッテリーは問題を起こすとされます。その具体的な内容が、ドゥー・ポワン以下に示されます。la surchauffe ou la surcharge électrique des accumulateurs entraînait parfois des incendies ou des explosions「蓄電池の過熱や過充電によって、時折火事や爆発が起きていた」というのです。つまり、「ひじょうに強力なバッテリー」（ポイント 1.）に求められる条件は、「過熱や過充電を起こさないこと」（ポイント 2.）であるとわかります。この 2 つのポイントをうまくまとめましょう。

(2)　「飛行する車の音の問題に対してどのような対処が必要とされますか。」
　第 2 段落の最後では、飛行する車に必要なバッテリー問題が今日では解決されていることが示されます。しかしながら、第 3 段落ではほかにも乗り越えるべき障害があり、それが騒音問題であると明かされます。そして、第 3 段落を読み進めると、この問題に対する対処は 2 つあるとわかります。まず、Les fabricants tentent de limiter les nuisances sonores liées aux véhicules [...]「製造業者は自動車関連の騒音をおさえようと試みている」ということ。そして、[...] il va falloir évaluer comment ces nuisances seront perçues par la population「このような騒音が人々にどのように感じ取られているか評価する必要がある」ということです。この 2 点をしっかりおさえましょう。

(3)　「飛行する車の自動操縦化を実現するためにしなくてはならないことは何ですか。」
　第 4 段落冒頭では、飛行する車の自動操縦化も課題だと語られていますので、この段落の内容を正確にとらえることが求められます。まず、自動操縦化の実現については、技術面では可能であり、搭載知能も十分に高性能で、パイロットなしでのテストもおこなわれているとされます。しかし、Reste l'acceptation psychologique.「残る問題は心理的同意だ」というのです。要約にあたっては、この文以下に注目していきましょう。自動操縦化にあたっては、[...] il faut d'abord convaincre les usagers de la sécurité des vols

仏検公式ガイドブックセレクション 1 級 (2019-2023)

pilotés manuellement. 「まず、手動で操縦されるフライトの安全性を利用者に納得してもらわなければならない」。なぜなら、Les sociétés de transport ne pourront proposer le pilotage automatique des voitures volantes qu'une fois la confiance du public gagnée. 「運輸会社は、いったん人々の信頼を得ることではじめて飛行する車の自動操縦を提案することができるだろう」からです。この 2 つのポイントをふまえつつ、枝葉を取り払って字数内に要約する力が求められます。

解答例

(1) 出力がひじょうに大きくても過熱や過充電のないバッテリー。(28 字)
(2) 騒音抑制の試みと、騒音がどう感じられているかの評価。(26 字)
(3) パイロットの安全操縦で利用者の信頼を得ること。(23 字)

9

　和文仏訳の問題です。出題される文章は 3 文ないし 4 文からなるもの
が多く、叙述の形式は 1 人称によるモノローグまたは 3 人称の記述のど
ちらかですが、引用の形で 2 人称の文が挿入されている場合もあります
（→ 練習問題 1 ）。

　日本語の語彙や表現、構文をそのままの形で置きかえてもフランス語に
はならない、などという話は 1 級レベルではいまさら繰り返すまでもない
ことですが、和文仏訳を試みる場合、日本語とフランス語の差異という点
でまず問題になるのは、端的には文の主語をどうするかという点でしょう。
2 つの言語を比較すると、日本語では状況や文脈によって明らかな場合、
たとえば「1 日中雨だった」、「今夜はカレーにしてくれない？」のように、
文の主語が省略されることはめずらしくありませんが、これをフランス語
に訳そうとすると、それぞれ非人称および 2 人称の主語をおぎなって、次
のように述べることになります。

　　Il a plu toute la journée.
　　Pour ce soir, tu (ne) ferais pas un curry ?

　また日本語で主語が示されている場合（ないしは日本語では直接示され
ていない主語を補足する場合）も、日本語の人称を、そのままフランス語
の同じ人称に移すことができるとはかぎらず、しばしば言いかえや内容の
敷衍が必要になります。過去の出題から 1 例をあげてみましょう。

　　　幼いころに母に読んでもらった童話集に久しぶりに目を通してみた
　　が、以前のような<u>ドキドキする感じはなかった</u>。しかし、大人になら
　　なければわからない意味もそこかしこに読み取れて、<u>はっとする思い
　　だった</u>。（09／一部改）

　下線部に注目すると、第 1 文の「ドキドキする感じはなかった」につい
ては、これを「ドキドキするような感覚は覚えなかった」と読みかえ、1
人称の主語をおぎなって、je n'ai pas senti mon cœur battre ... のような訳

仏検公式ガイドブックセレクション1級 (2019-2023)

を考えるのはそれほど困難ではないかもしれません。一方、第2文では、「〜の思いだった」という日本語の述語から、おなじく1人称の主語を思い浮かべがちですが、こちらはむしろ指示代名詞の ça (cela) を主語に用い、ça a été une révélation pour moi としたほうがすっきりします。

　つまり、和文仏訳においては、1 で見た名詞化の場合と同様、**主語の選択**がフランス語での表現の成否を左右すると言っても過言ではなく、とりわけ、日本語では用いられない**無生物主語**の選択や（→ 練習問題4 ）、あるいは上の例のような、文脈に応じた**人称表現**と**非人称表現**の使い分けが、表現の幅をひろげるうえでのポイントの1つになると言えそうです。また、一通り訳文ができあがったら、全体を通読し、語彙や表現に重複や偏りがないかをチェックします。たとえば同じ動詞が繰り返されていたら、一部を別の動詞に変え、あるいは接続詞が多いと思ったら、分詞構文を用いるなどして、単調な表現を避け、全体のリズムを整える工夫も必要です（→ 練習問題1 ）。そのような配慮をおこたると、全体としてばらばらの文の寄せ集めにはなっても、まとまった1つの「文章」にはなりません。この問題が、短いながらも、かならず複数の文からなる文章の形で出題されているのはそのためで、文と文の間の有機的な関連に対する配慮も、1級の「和文仏訳」で問われている要素の1つになります。

140

筆記試験 9

練習問題 1

次の文章をフランス語に訳してください。

　ある友人から、パリに行ったら石をひとつ拾ってきてくれないかとたのまれた。約束どおりパリで彼のために石をひとつ拾ったが、帰国してから急に不安になった。石といってもなんの変哲もない石なので、東京で拾ったものと思われないだろうか。

(20)

解説　パリのみやげに石を拾ってくるようにたのまれるという話です。

　第 1 文：「ある友人から、パリに行ったら石をひとつ拾ってきてくれないかとたのまれた」

　訳例：Un ami m'a demandé si je pouvais lui ramasser une pierre quand j'irais à Paris.

　日本語の表現は「たのまれた」という受動態ですが、訳例では un ami を主語に立て、動詞 demander の目的語にあたる部分（＝依頼の内容）を接続詞 si でみちびく間接疑問の形がとられています（「ある友人が、私に、～してくれるかどうか尋ねた」）。この場合、主文の動詞 a demandé が過去時制（複合過去）ですから、si 以下の従属節では、時制の照応の原則にしたがい、「過去における現在」が半過去 je pouvais、「過去における未来」が条件法現在 j'irais で表わされている点に注意してください。こうした従属節における時制の問題を避けるのであれば、接続詞を用いず、Un ami m'a demandé / prié de lui ramasser、あるいは J'ai été prié(e) par un ami de lui ramasser とすることも可能です（後者は元の日本語の受動表現に近い言い方になります）。lui ramasser une pierre のかわりに ramasser une pierre pour lui としてもかまいませんし、une pierre にかえて un caillou でもよいでしょう。

　第 2 文：「約束どおりパリで彼のために石をひとつ拾ったが、帰国してから急に不安になった」

　訳例：Comme je l'avais promis, j'ai ramassé une pierre pour lui à Paris, mais à mon retour, j'ai soudain été pris(e) d'une inquiétude.

　「約束どおり」は、「（私が）約束したように」と言いかえ、約束の内容を

141

中性代名詞 le でおぎなって Comme je l'avais promis とします。この場合も動詞の時制には注意が必要で、後続の j'ai ramassé une pierre「石をひとつ拾った」の部分が複合過去ですから、行為・出来事の前後関係を考慮すれば、（友人に）「約束した」の部分には他の過去時制に対する先立性（「過去における過去」）を示す大過去 je l'avais を用いることになります。「約束する」は promettre にかえて s'engager à を用い、Comme je m'y étais engagé(e) としてもよく、動詞 tenir を使った Tenant ma promesse、Tenant parole のような言い方も可能です。より簡潔に、Fidèle à ma promesse (parole)、Comme promis のような慣用句を用いてもよいでしょう。

　「急に不安になった」は、訳例の j'ai soudain été pris(e) d'une inquiétude のほか、je me suis soudain inquiété(e)、j'ai été pris(e) d'une soudaine (brusque / subite) inquiétude、j'ai eu (j'ai éprouvé d') une soudaine (brusque / subite) inquiétude、une soudaine inquiétude m'est venue など、さまざまな言い方が可能です。「急に」の意の副詞 soudain は soudainement、brusquement、subitement でもよく、「不安」は inquiétude にかえて appréhension でもかまいません。

　第3文：「石といってもなんの変哲もない石なので、東京で拾ったものと思われないだろうか」

　訳例：L'objet n'étant qu'une simple pierre, sans rien de spécial, mon ami n'allait-il pas penser que je l'avais ramassé à Tokyo ?

　「石といってもなんの変哲もない石なので」の部分は主語の選択に迷うところですが、訳例のように pierre の繰り返しを避け、l'objet を用いるのも1つの方法です。分詞 n'étant que のかわりに接続詞を使い、Comme (Puisque / Étant donné que) l'objet n'était que とすることも可能ですが、第2文で comme を使用している場合は同じ接続詞の繰り返しは避けるべきでしょう。「なんの変哲もない」は訳例の une simple pierre, sans rien de spécial にかえて une pierre banale (quelconque / comme les autres), sans rien de particulier (d'exceptionnel) などでもよく、単に L'objet n'ayant rien de spécial とすることもできます。

　「（東京で拾ったものと）思われないだろうか」は mon ami ne pouvait-il pas penser、n'allait-on pas penser、ne pouvait-on pas penser としてもよく、動詞の時制も半過去のほか、「不確実性」を示す条件法現在や直説法現在、

筆記試験 9

あるいは単純未来を用いることも可能です（ne pourrait-il pas penser、ne penserait-il pas、ne pense-t-il pas、ne va-t-il pas penser、ne pensera-t-il pas など）。「思う」は penser のかわりに supposer、s'imaginer、croire などでもかまいません。

解答例 Un ami m'a demandé si je pouvais lui ramasser une pierre quand j'irais à Paris. Comme je l'avais promis, j'ai ramassé une pierre pour lui à Paris, mais à mon retour, j'ai soudain été pris(e) d'une inquiétude. L'objet n'étant qu'une simple pierre, sans rien de spécial, mon ami n'allait-il pas penser que je l'avais ramassé à Tokyo ?

143

仏検公式ガイドブックセレクション1級（2019-2023）

練習問題 2

次の文章をフランス語に訳してください。

きのう読んだ SF 小説はあまりに馬鹿馬鹿しくて、途中で読むのをやめて
しまった。どうやったらこんなことを思いつくのだろう。できることなら作
者の頭のなかをのぞいてみたいものだ。案外、ふつうの人と変わらないのか
もしれない。

(21)

解説 ある SF 小説を読んだときの印象を語った文章です。

第 1 文：きのう読んだ SF 小説はあまりに馬鹿馬鹿しくて、途中で読むの
をやめてしまった。

訳例：Le roman de science-fiction que je lisais hier était tellement inepte
que j'en ai abandonné la lecture en cours de route.

「SF」は science-fiction のかわりにシンプルに S. F. / SF としてもかまい
ません。「あまりに〜なので〜だ」tellement... que ... の tellement は à ce
point / si とすることもできます。「馬鹿馬鹿しい」は inepte 以外にも、
absurde / idiot / stupide / aberrant / loufoque / saugrenu といった形容詞を用
いることが可能です。「読むのをやめてしまった」という一節については、
訳例にある j'en ai abandonné la lecture の abandonné を arrêté / cessé /
laissé tomber / stoppé としてもよいでしょう。また、j'en ai abandonné la
lecture のかわりに j'ai arrêté de le lire とすることもできます（この場合の
補語人称代名詞 le は le roman de science-fiction を指します）。最後に、「途
中で」は en cours de route のほかに en chemin / au milieu / avant la fin と
してもかまいません。

第 2 文：どうやったらこんなことを思いつくのだろう。

訳例：Comment peut-on imaginer de pareilles absurdités ?

「どうやったら〜思いつくのだろう」は Comment peut-on imaginer のか
わりに Comment est-ce possible d'imaginer とすることもできるでしょう。
また、動詞 imaginer 以外にも concevoir / inventer を用いてもかまいません。
「こんなこと」は訳例では、前後の文脈から「こんな馬鹿げたこと」とい

144

う意味にとって de pareilles absurdités（sornettes / idioties / stupidités / aberrations / âneries も可）としましたが、字義どおりに de pareilles choses / des choses pareilles とすることもできるでしょう。ちなみに「こんな」については de pareilles のかわりに de telles / ce genre de / ce type de といった表現を用いることも可能です。

第3文：できることなら作者の頭のなかをのぞいてみたいものだ。

訳例：J'aimerais bien voir ce qu'il y a dans la tête de l'auteur(e).

「できることなら」と現在の事実と反する状況を想定していることは、動詞 aimer の条件法現在を用いた J'aimerais bien という一節だけでも十分に伝わりますが、Si c'était possible という条件節をくわえてもよいでしょう。「頭のなかをのぞいてみたい」voir ce qu'il y a dans la tête については、jeter un coup d'œil dans la tête と表わすこともできますが、voir l'intérieur de la tête とすることはできません。l'intérieur de la tête では「頭のなかで考えている内容」を指すことができないためです。「作者」は l'auteur(e) 以外にも、l'autrice / l'écrivain(e) / le romancier / la romancière といった表現を用いてもよいでしょう。

第4文：案外、ふつうの人と変わらないのかもしれない。

訳例：Contrairement à ce qu'on pourrait penser, ce n'est peut-être pas si différent de ce qu'on trouve dans celle de tout un chacun.

「案外」は訳例にある Contrairement à ce qu'on pourrait penser（imaginer / croire も可）のほか、Paradoxalement / Contre toute attente といった表現で表わすことができます。「変わらないのかもしれない」ce n'est peut-être pas si différent の différent は、loin / éloigné / distant といった形容詞をもって置きかえることも可能です。「ふつうの人の（頭）」(celle) de tout un chacun については、(celle) de tout le monde / des gens ordinaires / des gens comme vous et moi / de Monsieur Tout-le-monde / de Monsieur ou Madame Tout-le-monde / du lecteur lambda / de n'importe qui とすることもできます。字義どおりの訳にあたる des gens ordinaires でも問題ありませんが、ここに示したようにほかにもさまざまな表現が可能です。多様な言いかえ表現を覚えることは豊かな表現力の獲得につながります。

仏検公式ガイドブックセレクション 1 級（2019-2023）

解答例 Le roman de science-fiction que je lisais hier était tellement inepte que j'en ai abandonné la lecture en cours de route. Comment peut-on imaginer de pareilles absurdités ? J'aimerais bien voir ce qu'il y a dans la tête de l'auteur(e). Contrairement à ce qu'on pourrait penser, ce n'est peut-être pas si différent de ce qu'on trouve dans celle de tout un chacun.

筆記試験 9

練習問題 3

次の文章をフランス語に訳してください。

　きのうの晩帰宅すると、家のなかがとてもにぎやかだった。近くに住んでいる弟の家族が顔を見せにきていたのだ。甥っ子は 6 歳になったばかりで、来年からは小学校だ。子どもの成長は早いものだとつくづく思った。

(22)

解説、幼い甥っ子の成長の早さに対する驚きを語った文章です。

　第 1 文：きのうの晩帰宅すると、家のなかがとてもにぎやかだった。

　訳例：Lorsque je suis rentré(e) chez moi hier soir, la maison se trouvait dans une vive effervescence.

　「帰宅すると」は、Lorsque je suis rentré(e) chez moi のかわりに En rentrant chez moi、Regagnant mes pénates、Comme je rejoignais mes pénates、De retour chez moi とすることもできます。また、言うまでもなく接続詞 lorsque は quand をもってかえることも可能ですし、動詞は rentrer のかわりに retourner を用いて je suis retourné(e) としてもよいでしょう。「家のなかがとてもにぎやかだった」la maison se trouvait dans une vive effervescence についても、la maison se trouvait（se trouvait のかわりに était としても可）en pleine effervescence（effervescence のかわりに ébullition としても可）、la maison était très animée、la maison connaissait une grande animation（animation のかわりに agitation も可）、あるいは il y avait beaucoup d'agitation dans la maison、il y avait une grande agitation dans la maison というようにさまざまな代案が考えられます。

　第 2 文：近くに住んでいる弟の家族が顔を見せにきていたのだ。

　訳例：La famille de mon frère cadet, qui réside dans le voisinage, était venue nous faire un petit bonjour.

　「弟」は mon frère cadet 以外にも、mon cadet frère、mon petit frère、mon jeune frère とすることもできます。また「近くに住んでいる」という一節に関しては、まず「住む」は réside のかわりに habite、a élu domicile、est domiciliée、est installée とすることも可能ですし、「近くに」dans le voisinage

147

については、dans le quartier、dans les environs、à proximité、à côté、pas très loin としてもよいでしょう。「顔を見せに」については日本語をそのままフランス語に置きかえてもうまくいかない箇所ですが、訳例の nous faire un petit bonjour 以外にも、nous faire un petit coucou、nous rendre (une petite) visite、または nous saluer といった表現を用いて乗り切りたいところです。なお、訳例では、第2文の主語を La famille de mon frère cadet としていますが、mon frère cadet を主語として、Mon frère cadet [...] était venu en famille、Mon frère cadet [...] était venu avec sa (petite) famille、Mon frère cadet [...] était venu accompagné de sa (petite) famille としてもかまいません。

第3文：甥っ子は6歳になったばかりで、来年からは小学校だ。

訳例：Mon neveu a tout juste fêté ses six ans, et il entrera en primaire l'an prochain.

「甥っ子は6歳になったばかりで」という一節は、Mon neveu a tout juste fêté ses six ans 以外にも、Mon neveu vient (à peine) d'avoir six ans や Mon neveu a célébré il y a peu ses six ans と表わすことができます。「来年からは」l'an prochain は、à partir de l'année prochaine、à partir de la rentrée prochaine としてもよいでしょう。「小学校だ」は、entrera en primaire のかわりに ira à l'école primaire、fera ses débuts à l'école primaire、commencera à fréquenter l'école primaire、または deviendra écolier としてもかまいません。また「小学校」については、l'école primaire 以外にも l'école élémentaire と表わすことができます。

第4文：子どもの成長は早いものだとつくづく思った。

訳例：Cela m'a donné pleinement conscience de la rapidité avec laquelle les enfants grandissent.

「つくづく思った」という一節をどのように訳すかが腕の見せどころでしょう。「早いものだ」を訳例にあるように抽象名詞 la rapidité（la vitesse、la promptitude としても可）を用いて処理すると、フランス語としてひきしまった文になります。同様に la rapidité を使用する場合、第4文は、訳例以外にも、Cela m'a fait réaliser la rapidité [Cela a éveillé en moi une conscience aiguë de la rapidité / J'ai médité sur la rapidité] avec laquelle les enfants grandissent. としてもかまいません。あるいは、「子どもの成長は早いものだ」

という一節を、「子どもは早く成長する」と表わすならば、J'ai (vraiment) pensé [Je me suis (vraiment) rendu compte / Je me suis dit / Cela m'a fait me rendre compte] que les enfants grandissaient vite. とすることもできるでしょう。この場合、主節で直説法複合過去が用いられていますので、従属節で時制の一致が起こり、動詞 grandir を直説法半過去に活用させることにも注意しましょう。なお、「成長する」については、grandir 以外にも devenir grands（grand はここでは主語 les enfants が男性複数であるのに合わせて性数一致しています）、croître、se développer といった表現を用いることもできます。

解答例　Lorsque je suis rentré(e) chez moi hier soir, la maison se trouvait dans une vive effervescence. La famille de mon frère cadet, qui réside dans le voisinage, était venue nous faire un petit bonjour. Mon neveu a tout juste fêté ses six ans, et il entrera en primaire l'an prochain. Cela m'a donné pleinement conscience de la rapidité avec laquelle les enfants grandissent.

仏検公式ガイドブックセレクション 1 級（2019-2023）

練習問題 4

次の文章をフランス語に訳してください。

友人の佐藤くんの家に行くと、玄関にはいつも花が飾られている。きのう
聞いてみたところ、亡くなったお母さんがそうしていたのだという。だれし
も、日常のふとした習慣に、身近なひとの思い出が染みこんでいるものかも
しれない。

(23)

解説、花を飾るのが好きな友人についての文章です。

第 1 文：友人の佐藤くんの家に行くと、玄関にはいつも花が飾られている。
訳例：Lorsque je rends visite à mon ami Satô, il y a toujours des fleurs
qui décorent l'entrée de sa maison.

冒頭の時を表わす接続詞 Lorsque は、Quand や Les jours où をもってか
えることもできます。また、「友人の佐藤くんの家に行く」je rends visite à
mon ami Satô は、je vais chez Satô, mon ami や je me rends chez Satô, mon
ami、あるいは j'arrive à la maison de mon ami Satô、je me rends à
l'appartement de mon ami Satô とすることもできます。さらに、「玄関には
いつも花が飾られている」il y a toujours des fleurs qui décorent l'entrée de
sa maison についても、l'entrée de sa maison（sa maison のかわりに son
appartement としても可）est toujours décorée avec des fleurs（avec des
fleurs のかわりに de fleurs としても可）としてもよいでしょうし、あるいは
des fleurs décoratives（des fleurs décoratives のかわりに des fleurs
d'agrément としても可）sont toujours disposées dans l'entrée de sa maison
とすることもできます。さらには、je remarque toujours des fleurs dans
l'entrée de sa maison や、je note qu'il y a toujours un bouquet (décoratif)
dans l'entrée de sa maison と表わすこともできるでしょう。「玄関」につい
ては、l'entrée のほかに le vestibule という表現も使えます。

第 2 文：きのう聞いてみたところ、亡くなったお母さんがそうしていたの
だという。
訳例：Je l'ai interrogé à ce sujet hier, et il m'a répondu qu'il s'agissait

筆記試験 9

d'une habitude de sa défunte mère.

「きのう聞いてみたところ」Je l'ai interrogé à ce sujet hier については、Hier, je l'ai questionné à cet égard や、Hier, je lui ai posé une question à cet égard、Hier je lui en ai demandé la raison、Hier, je lui ai demandé pourquoi といった代案が考えられます。また、訳例の il m'a répondu は、かわりに il m'a dit, il m'a appris としてもかまいません。日本語の「いう」という表現に対応するフランス語の表現は複数ありますので、まとめて覚えておくとよいでしょう。日本語の「そうしていた」という一節に対応する部分は、訳例では「習慣」une habitude としていますが、これ以外にも une manie、une coutume、une routine、une pratique、un usage といった表現で表わすことができます。「亡くなったお母さん」sa défunte mère については、sa mère décédée、feue sa mère、sa feue mère、sa mère morte、sa mère qui n'est plus（qui n'est plus のかわりに qui n'était plus や qui nous avait quittés も可）としてもよいでしょう。

第3文：だれしも、日常のふとした習慣に、身近なひとの思い出が染みこんでいるものかもしれない。

訳例：Peut-être le souvenir de personnes familières imprègne-t-il pour tout un chacun ces petites manies du quotidien.

訳例の Peut-être は、ほかに Peut-être que、Probablement (que)、Sans doute (que)、あるいは Je suppose que や Je gage que といった表現で置きかえられます。「身近なひとの思い出」le souvenir de personnes familières は、les souvenirs des personnes intimes（des personnes intimes のかわりに de gens proches、d'êtres proches も可）とすることもできます。「染みこんでいる」imprègne については、marque、s'inscrit dans、s'imprime dans、se grave dans としてもよいでしょう。「だれしも」pour tout un chacun は、pour tout le monde としてもかまいません。「日常のふとした習慣」ces petites manies du quotidien は、ce genre de pratiques quotidiennes（pratiques quotidiennes のかわりに habitudes quotidiennes、routines quotidiennes も可）、ce genre d'usages quotidiens とすることも考えられます。また genre のかわりに type を用いてもよいでしょう。

151

仏検公式ガイドブックセレクション１級（2019-2023）

解答例　Lorsque je rends visite à mon ami Satô, il y a toujours des fleurs qui décorent l'entrée de sa maison. Je l'ai interrogé à ce sujet hier, et il m'a répondu qu'il s'agissait d'une habitude de sa défunte mère. Peut-être le souvenir de personnes familières imprègne-t-il pour tout un chacun ces petites manies du quotidien.

書き取り試験

　書き取り試験は、大きく分けて、フランス語の音そのものの聞き取りにかかわる「聴取レベル」と、聞き取った音を文として再構成する「統辞レベル」の２つの要素から構成されています。ただし、この２つの要素は切り離して考えるべきものではなく、このあとの解説にも示すように、文法や構文に関する「統辞レベル」での判断がともなわなければ、そもそも「聞き取り」は成り立ちません。

　２つの要素のうち、「聴取レベル」については、多様な音源に接して「耳を慣らす」ほかはありませんが、つづり字や「統辞レベル」の問題に関しては、あらかじめ基本的な知識を整理しておくことで対処が可能なケースも少なくありません。たとえば、つづり字について、

b、m、p の前では、an、en、in、yn 等はそれぞれ am、em、im、ym に変わる

　　ex. endosser / embrasser、infiltrer / imposer、syndicat / symphonie

といった基本的な知識があれば、embouteillage を enbouteillage とするようなミスは避けられることになります（→ 練習問題 1 ）。一方、「統辞レベル」では、語末の子音、過去分詞の性数一致など、音としては現れない要素や前後の文脈にも目を配りながら、文法的に破綻のない文を組み立てることができるかどうかが問われます。実際の試験では、このレベルの誤りにもいくつかのパターンがあり、以下の練習問題で指摘されている事例を「他山の石」としてください。とりわけ問題になるのは、音だけでは区別できない単数・複数の判別ですが、過去の試験を見ると、意外にまちがえやすいのが、接続詞または関係代名詞の que と人称代名詞 il (ils) が結びついて qu'il (qu'ils) となるケースです。こうした誤答を避けるには、どのように解釈すれば意味の通る文になるのかという、「統辞レベル」での判断が欠かせないことがわかります。なお、これは書き取りだけではなく、記述式の問題全般にかかわることですが、フランスでは近年つづり字法の改革が進み、たとえば i や u の上では、意味上の区別にかかわらないアクサン・シルコンフレクスは省略される傾向にあります（aîné → ainé、dûment → dument など）。仏検では、

153

仏検公式ガイドブックセレクション 1 級 (2019-2023)

出題・解答例とも従来のつづり字を採用していますが、書き取りをはじめと
する記述式の試験では、新つづり字法による表記も誤答と見なされることは
ありません。

書き取り試験

練習問題 1

注意事項

フランス語の文章を、次の要領で 3 回読みます。全文を書き取ってください。

・1 回目は、ふつうの速さで全文を読みます。内容をよく理解するようにしてください。

・2 回目は、ポーズをおきますから、その間に書き取ってください（句読点も読みます）。

・最後に、もう 1 回ふつうの速さで全文を読みます。

・読み終わってから 3 分後に、聞き取り試験にうつります。

・数を書く場合は、算用数字で書いてかまいません。

［音声を聞く順番］　**01** → **02** → **01**

(19)

解説 1 人称の談話文で、看護士の女性が、「路上に車を停めて携帯電話を使っていたら違反行為として罰せられた」という経験を語っています。

（聴取および単語レベル）第 2 文の embouteillage「渋滞」については、*emboutaillage*、*enbouteillage* などのつづりのミスのほか、*un bouteillage* のような存在しない語を記している解答も見うけられました。*enbouteillage* のように em を en とする誤りはしばしば目にするものですが、「b、m、p の前では、an、en、in、yn 等はそれぞれ am、em、im、ym にかわる」(ex. endosser / embrasser、infiltrer / imposer syndicat / symphonie) といったつづり字に関する基本的な知識があれば、この種のミスは避けることができます。第 4 文では contrôlée を *controlée* や *côntrolée* としたアクサン・シルコンフレクスにかかわる誤記のほか、à l'arrêt「停車中の」の arrêt を *allé* とした例もあったようです。このような r と l のとりちがえがとくに多かったのは第 8 文の j'ai été verbalisée「（違反の）調書を取られた」の部分で、過去分詞 verbalisée を *bervalisée* とつづっているケースがめだちました。第 5 文では 135 euros d'amende「135 ユーロの罰金」の部分に誤りが集中しており、amende を *amande* としたつづりのミスにくわえ、*amendes* という複数

155

形を用いた誤答も少なくありませんでした。この言い方は、たとえば本文の末尾にある deux heures de retard「2時間の遅れ」と同じで、six mois de prison「6ヵ月の禁固」、dix ans de mariage「10年の結婚生活」など、〈数量＋de＋無冠詞名詞〉の表現では、名詞は一般に単数で用います。また第6文の véhicule「車両」に関しては、*véhicle* のような、英語のつづり（vehicle）との混同にも注意が必要です。

（統辞レベル）多かったのは、第3文から第4文にかけての過去時制の聞き取りで、半過去と複合過去をとりちがえているケースです。まず第3文の [...] j'ai voulu prévenir mon client que j'étais bloquée sur la route.「（渋滞のために）動きがとれなくなっていることを患者に知らせたかった」では、que 以下を複合過去で j'*ai été* bloquée としている解答が多く、「主節が過去時制の文で、従属節が「過去における現在」を表わすとき、従属節の動詞は半過去を用いる」という時制の一致の規則の理解が十分でないことがわかります。この文では主節の動詞が j'ai voulu prévenir という複合過去ですから、従属節で述べられる内容（「動きがとれなくなっていた」）が主節との「同時性」を示す場合、従属節には半過去 j'étais bloquée を用いなければなりません。一方、第4文の Et j'ai été contrôlée juste au moment où j'utilisais mon téléphone dans ma voiture à l'arrêt.「停車中に車内で携帯電話を使っていたまさにそのときに取締りを受けたのです」では、上とは逆に、複合過去の j'ai été contrôlée を半過去の j'*étais* contrôlée と聞き誤っているケースがめだちました。ここでは「複合過去と半過去が併用される場合、半過去は複合過去によって提示される行為や出来事の背景となる状況を示す」という原則を思い出せばよく、この文では j'utilisais mon téléphone「携帯を使っていた」という状況を背景に、「取締りを受けた」という「行為・出来事」が述べられていることから、「取締りを受けた」については、複合過去の j'ai été contrôlée を用いるのが適切であることがわかります。なお、この文章では、第2文の j'ai été prise の部分で話者が女性であることが判断できるので、上記の j'étais bloquée、j'ai été contrôlée のほか、第8文の j'ai été verbalisée など、1人称の je を主語にした受動態の表現では、いずれも過去分詞に女性形を用いることになります。

このほか第5文の au volant は「運転中に」という意味の表現で（volant は「ハンドル」の意）、これをジェロンディフのように解した *en* volant「飛

書き取り試験

行中に」ではもちろん意味をなしません。また、第 6 文の [...] je ne me doutais pas qu'un véhicule arrêté sur la chaussée était considéré comme étant en circulation.「路上に停車している車が走行中と見なされるとは思っていませんでした」では、再帰代名詞の me を落とし、*je ne doutais pas* とした解答が少なくありませんでした。この文では、que 以下の従属節に était considéré という直説法が用いられている点を考えても、主文の動詞が（接続法を要求する）douter「疑う」ではなく se douter「思う」であることが判断できるはずですが、そもそも *je ne doutais pas* では、「（路上に停車している車が走行中であると見なされることを）疑っていなかった」と述べることになってしまい、前後の文意が通りません。同じ第 6 文では文末の comme étant en circulation も難所の 1 つになっており、この部分を正確に書き取るには、être en circulation「走行中の」という言い方が、前置詞 comme のあとで現在分詞 étant の形で用いられている、という文法的な判断が必要です。

解答 Je travaille comme infirmière à domicile et me déplace toujours en voiture. Hier, j'ai été prise dans un embouteillage. De peur d'arriver en retard à mon rendez-vous, j'ai voulu prévenir mon client que j'étais bloquée sur la route. Et j'ai été contrôlée juste au moment où j'utilisais mon téléphone dans ma voiture à l'arrêt. Je savais que l'usage du téléphone au volant était sanctionné de 135 euros d'amende. Mais je ne me doutais pas qu'un véhicule arrêté sur la chaussée était considéré comme étant en circulation. Dans mon cas, en plus, le moteur n'était pas éteint. Bref, ayant utilisé mon téléphone dans ma voiture, j'ai été verbalisée. Et je suis arrivée au travail avec deux heures de retard.

157

仏検公式ガイドブックセレクション1級（2019-2023）

練習問題 2

注意事項

フランス語の文章を、次の要領で3回読みます。全文を書き取ってください。

・1回目は、ふつうの速さで全文を読みます。内容をよく理解するようにしてください。

・2回目は、ポーズをおきますから、その間に書き取ってください（句読点も読みます）。

・最後に、もう1回ふつうの速さで全文を読みます。

・読み終わってから3分後に、聞き取り試験にうつります。

・数を書く場合は、算用数字で書いてかまいません。

［音声を聞く順番］　**03** → **04** → **03**

(20)

解説　Nice のレストランで、幼い女の子が誤ってジュースのかわりに出された業務用の洗浄剤を飲み、病院に搬送されたという話です。

（聴取および単語レベル）ありふれた語彙の1つであるにもかかわらず、意外に誤りが多かったのが、この文章では se rendre compte「理解する、気づく」という意味の成句として用いられている第3文の compte で、*compt*、*comte* などの誤記が目につきます。名詞では、第8文の gendarmes も多くの受験者を悩ませていたようで、*gens d'arme* のような誤りは、語源を考えるとたしかに頷けるものがあります。同じ第8文の par erreur「誤って」に関しては、par *error* のような英語のつづりとの混同にも注意すべきでしょう。第2文 commandé を commendé、第6文の en urgence を *un* urgence、第8文の récipient「容器」を récipiant としたケースはどれもよく似たパターンの誤りですが、en urgence が d'urgence と同じ「急いで、緊急に」という意味の成句として用いられていることに思いいたれば、冠詞 un ではなく前置詞 en を選ぶことはそれほど困難ではありません。第3文の le verre contenait を leverre *contené* とした場合、文として成立しないのはもちろんですが、contenir という動詞の活用の型を思い出してみる必要もありそうです

158

（contenir の過去分詞は contenu です）。

（統辞レベル）第 1 文の a été intoxiquée、第 7 文の est sortie、avait été plongée などはいずれも助動詞 être を用いる複合形ですから、過去分詞はそれぞれ主語に一致させて女性単数形を用います。一方、第 2 文の son père l'a regardée boire は助動詞に avoir を用いる複合形の例で、この場合は過去分詞 regardée が動詞の前に置かれた直接目的語（ここでは代名詞 l'= la）と性数の一致をしている点に注意してください。第 5 文の複合過去 Le produit a traversé を半過去 le produit traversait と聞き誤っているケースもめだちましたが、第 4 文の La petite a ingéré celui-ci, et elle l'a immédiatement vomi. や同じ第 5 文の Le produit [...] lui a brûlé la peau. など、前後の動詞の時制に注目すれば、ここでは複合過去を反復的に用い、出来事を時系列順に記していることがわかります。また、第 5 文では lui a brûlé la peau の代名詞 lui を le または la ととりちがえ、l'a brûlé(e) la peau としているケースも少なくありませんでした。この場合、動詞 brûler の直接目的語が後続の la peau であることは明らかですから、同時に le あるいは la のような直接目的の代名詞を用いるのは文法的にも無理があります。Je lui ai pris la main.「私は彼女の手をとった」のような言い方と同様、第 5 文の lui a brûlé la peau は、間接目的の代名詞が「身体の一部とともに用いられている」例と考えることができます。

解答　Une fillette de 22 mois a été gravement intoxiquée, ce jeudi, dans un restaurant de Nice. Après avoir commandé pour elle un jus de fruit, son père l'a regardée boire. Il s'est rendu compte que le verre contenait un liquide d'une couleur inhabituelle. La petite a ingéré celui-ci, et elle l'a immédiatement vomi. Le produit a traversé sa robe et lui a brûlé la peau. La malheureuse a été conduite à l'hôpital en urgence. Elle est sortie samedi du coma artificiel dans lequel elle avait été plongée. Selon les gendarmes, le produit serait un détergent pour lave-vaisselle industriel versé par erreur

仏検公式ガイドブックセレクション 1 級 (2019-2023)

dans un récipient par un employé, mis au réfrigérateur par un autre, et servi par un troisième. C'est une négligence grave.

書き取り試験

練習問題 3

注意事項

フランス語の文章を、次の要領で 3 回読みます。全文を書き取ってください。

・1 回目は、ふつうの速さで全文を読みます。内容をよく理解するようにしてください。

・2 回目は、ポーズをおきますから、その間に書き取ってください（句読点も読みます）。

・最後に、もう 1 回ふつうの速さで全文を読みます。

・読み終わってから 3 分後に、聞き取り試験にうつります。

・数を書く場合は、算用数字で書いてかまいません。

［ 音声を聞く順番 ］　**05** → **06** → **05**

(21)

解説　ある店に強盗に入った 3 人の男たちの 1 人が、逃走中に外出禁止令下に携行を求められる外出許可証を落としたために住所が判明し、逮捕されたという話です。

（聴取および単語レベル）聞き取った音を適切な単語や表現に結びつけ、正しくつづるというレベルでつまずいたと思われる事例が数多く見うけられました。まず、第 1 文の une ruse「策略」については、この語を知らない受験者が少なくなかったのか、une と不定冠詞のみ記した答案がかなりあったほか、*une rousse*、*une rue* と別の女性名詞を記した答案、*une russe* あるいは *en russe* とした答案（ちなみに「ロシア語」という意味の russe は男性名詞）、en だけ記した答案など多様な誤答が確認され、苦戦のあとが見えました。1 級レベルの受験者であれば知っているであろう単語、表現であっても、音節の短い語が連続する場合、正確に聞き取るのは容易ではないようです。第 3 文の pris la fuite については、*fuit* あるいは *la fuite*（定冠詞なしの *fuite* もあり）とのみ記した答案、*pris la fuit* と fuite の e を書き忘れた答案、*prit la fuite* と過去分詞 pris のつづりを誤った答案などが認められました。無回答の答案もかなりありました。同じ第 3 文の a surpris についても *surpris*

161

とのみ記した答案、*a pris* とした答案、*a* のみ記した答案などがあったほか、無回答の答案も 2 割ほど見うけられました。

　第 4 文の sa course effrénée「すさまじい逃走」という一節は、本問題でもっともできが悪かった箇所ですが、これは多くの受験者が effréné という形容詞になじみがなかったことが大きな要因となっているようです。*sa course freiné(e)*、*sa course est freinée*（統辞的にもおかしい）、*sa course frênée* などさまざまな誤答が見うけられました。また同じ第 4 文の副詞 maladroitement「不器用にも」についても、*maldroitement* といったおしいつづりミスが多数認められたほか、*maladroit(e)* と形容詞を記した答案、maladroitement が 1 つの単語であると認識できずに *mal à droitement*、*malà droite* とした答案などがありました。

　つづく第 5 文の mentionnait については、発音と対応する語を見抜くのがむずかしかったのか、無回答の答案が 3 割ほど確認されました。それ以外には *mentionait* といったつづりミスのほか、*mentionné(e)*、*mentioné*、*mentionne* など統辞レベルのミスもからんだ誤答が認められました。第 6 文の La trouvaille「この思いがけない発見」という語もむずかしかったようで、*La travail*（travail は男性名詞）、*La travaille*、*La trouvail*、*La trovaille* などといった誤答が見られました。

（統辞レベル）書き取り試験において正しいフランス語の文を完成させるには、聞き取った音声情報をつちかってきた文法知識でフォローしていくことがつねに求められるのです。第 4 文 laissé tomber などはその好例です。この一節については *laissé tombé*、*laisser tomber*、*laissait tomber*、*laisse tomber* といった誤答が確認されました。ただし、この文では l'un d'eux a maladroitement laisse tomber と放任動詞 laisser が直説法複合過去形で用いられていることに気づけば、不定法 *laisser*、直説法半過去 *laissait*、直説法現在 *laisse* はふさわしくないと判断できたはずです。また、tomber はここでは laisser の直接目的補語 son attestation de déplacement の意味上の動詞であり、ここでは自動詞として機能していることが見抜ければ、過去分詞 *tombé* は不適切だとわかったのではないかと思われます。

　第 6 文の qui n'ont eu qu'à se rendre という一節の qui を大文字にした答案がかなりありましたが、これは直前の ponctuation の指示、すなわち virgule を point ととりちがえたためと考えられます。たしかに ponctuation

は1度しか読まれませんが、この文のなかで qui が関係代名詞として機能していることに気づけば、ふせげたミスではないかと思われます。また同じ一節の qu'à se rendre については *casse rendre* とした答案や無回答の答案がかなりありました。この一節については聴取レベルでつまずいた受験者も少なくなかったのかもしれません。しかし、制限の表現 ne... que A「A しか〜ない」という表現を念頭に置き、さらに que は母音や無音の h から始まる単語がつづく場合、エリジオンすることをふまえれば qui でみちびかれる関係節の構造が見抜けたのではないかと考えられます。

解答 Samedi soir, trois hommes ont mis en place une ruse pour dérober de l'argent dans la caisse d'une boutique d'une commune voisine de la leur. Deux d'entre eux ont détourné l'attention du vendeur en l'attirant au fond du magasin, tandis que le troisième essayait de voler la caisse, soit 400 euros au total.

Les voleurs ont brusquement pris la fuite quand le vendeur a surpris le stratagème. Dans sa course effrénée, l'un d'eux a maladroitement laissé tomber son attestation de déplacement. Obligatoire pendant le confinement, celle-ci mentionnait l'adresse de l'individu. La trouvaille a facilité la tâche des gendarmes, qui n'ont eu qu'à se rendre au domicile indiqué sur le document. Dimanche matin, ils ont pu interpeller sans encombre les trois malfaiteurs chez eux.

仏検公式ガイドブックセレクション1級（2019-2023）

練習問題 4

注意事項

フランス語の文章を、次の要領で3回読みます。全文を書き取ってください。

・1回目は、ふつうの速さで全文を読みます。内容をよく理解するようにしてください。

・2回目は、ポーズをおきますから、その間に書き取ってください（句読点も読みます）。

・最後に、もう1回ふつうの速さで全文を読みます。

・読み終わってから3分後に、聞き取り試験にうつります。

・数を書く場合は、算用数字で書いてかまいません。

［音声を聞く順番］　**07** → **08** → **07**

(22)

解説 単独世界一周飛行の女性としての最年少記録を樹立しようと試みるパイロットの話です。

（聴取および単語レベル）全体的な傾向として、聞き取った音を適切な単語や表現に結びつけたり、正しくつづったりするプロセスでのミスがめだちました。まず、第1文の une source d'inspiration「インスピレーションの源」という表現にふくまれる d'inspiration について、d'aspiration、l'aspiration としたり、前置詞 de と inspiration がエリジオンした箇所を聞き取りそこねて *inspiration* とのみ記したりした答案がかなりありました。

また第2文の a décollé は本設問でもっともできが悪かった箇所のひとつですが、その多くは *a décolé*、*a decollé*、*a decolé* など décoller の過去分詞のつづりミスによる失点でした。*a décoré* と別の単語と聞きちがえた受験者もいたようですが、décorer「装飾する」では話の内容にそぐわないことに気づいてほしかったところです。

アクサンが必要か不要かあやふやになったことによるミスは、1級レベルの受験者ならおさえているはずの基本的な単語においても見うけられました。

第4文の les technologies はその一例です。かなりの数の受験者が *les*

téchnologies と不要なアクサンをつけていました。なお、この箇所では les technologie と複数形の s のつけ忘れも確認されました（les téchnologie とした答案もありました）。3 分間あたえられる見なおしの時間をおおいに活用し、こうしたケアレスミスをなくすように心がけましょう。ちなみに、les technologies ではよけいなアクサンをつけたことによる失点が認められましたが、反対に第 7 文の monde aérien では、*monde aerien* とアクサンのつけ忘れがめだったことも付記しておきたいと思います。初級文法で学習する発音とつづり字の対応関係を思い出せば、避けられたミスもありました。第 5 文末尾の décourageant はその好例です。*découragent*、*découragant* と必要な a や e を忘れた答案がかなりありました。「統辞レベル」のミスへの対処にもあてはまることですが、受験前に初級文法をおさらいしておくと、できたはずのところでの失点を防ぐことができます。

　第 8 文の à accomplir もややむずかしかったようで、*à complir* とした答案が数多く認められました。母音がつづくので accomplir という語の冒頭の a の音が聞き取りにくかったのかもしれませんが、accomplir un exploit「偉業をなす」という表現を知っていれば、音声情報だけにたよることなく正答をみちびけたのではないかと思われます。個々の単語を覚えるだけでなく、どの語とどの語がセットで使われるかということもしっかりおさえるようにしましょう。

（統辞レベル）書き取り試験においては、受験者がフランス語の正確な発音をマスターしているかのみならず、確かな文法知識を獲得しているかもためされます。今回の問題で統辞レベルのミスがめだったのが第 8 文です。まず、elle entend について、*elle entends* とした答案が散見されましたが、entendre の直説法現在の活用をふまえれば、こうした基本的なミスは避けられたでしょう。それ以外にも、*elle longtemps*、*en temps*、*en longtemps* などとした答案が確認されましたが、これでは動詞や主語が欠落しており、文として成立しません。また、文末の cet exploit について、*cette exploit* とした答案が相当数ありましたが、exploit が男性名詞であることをおさえていれば、cet が適切であるとわかったのではないかと考えられます。

解答　Elle souhaite devenir une source d'inspiration. Zoé, une pilote de 19 ans, a décollé mercredi de Belgique dans son

165

avion deux places très léger. Elle partait pour la première étape d'un tour du monde à travers 52 pays et cinq continents. « J'espère vraiment encourager les filles et les jeunes femmes à se lancer dans l'aviation, les sciences, les technologies et les mathématiques. Jusqu'à maintenant, je n'ai pas vu beaucoup de femmes dans ces domaines, ce qui est assez décourageant. Je voudrais changer cette situation », a-t-elle expliqué. Plusieurs garçons moins âgés que Zoé ont déjà effectué un tour du monde aérien en solitaire. Mais elle entend bien devenir la plus jeune femme à accomplir cet exploit.

書き取り試験

練習問題 5

注意事項

　フランス語の文章を、次の要領で3回読みます。全文を書き取ってください。

　・1回目は、ふつうの速さで全文を読みます。内容をよく理解するようにしてください。

　・2回目は、ポーズをおきますから、その間に書き取ってください（句読点も読みます）。

　・最後に、もう1回ふつうの速さで全文を読みます。

　・読み終わってから3分後に、聞き取り試験にうつります。

　・数を書く場合は、算用数字で書いてかまいません。

　［ 音声を聞く順番 ］　**09** → **10** → **09**

(23)

解説 宝くじに当たった不法滞在者に関する話です。

　（聴取および単語レベル）第3文の gains については、*gants* とした答案がかなり見うけられました。そもそも gains と *gants* では発音（鼻母音）がことなるのですが percevoir に「～を受領する」という意味があることを知っていれば、percevoir ses gains で「彼のもうけを受け取る」となるとわかったのではないかと思われます。このように、書き取り試験では、正確な音声情報を耳でキャッチする力だけでなく、語彙力もためされるのです。同じことが第5文の de papiers についてもあてはまります。この de papiers は本問でもっともできの悪かった箇所で、ほとんどの受験者が *de papier* と単数形にしていました。たしかにフランス語では複数形の s をふくめ、語末の子音が読まれないことが多いわけですが、「身分証明書」という場合は、papiers と複数形にするという語彙レベルの知識があればふせげたミスではないかと思われます。

　第5文の ouvrir un という一節もむずかしかったようで、*nouvel an* とした答案や無回答の答案が数多く確認されたほか、*nouvelle un*、*nouvel un*、*oublier un* などとした答案もありました。この箇所については、前後の文脈

167

仏検公式ガイドブックセレクション 1 級（2019-2023）

から考えて直前の中性代名詞 en は「銀行口座」を指し、en ouvrir un で「銀行口座を 1 つ開く」という意味をなす一節が完成するとわかれば正解できたと思われます。1 回目のテキスト朗読のときに、全体の話の流れをしっかりつかむように心がけてください。

　本問には、受験者になじみのない単語もふくまれていたようです。第 7 文の des escrocs、第 9 文の empoché はその例です。前者については、*des escrot(s)*、*des escros*、*des éscros*、*des éscrots*、*des esclots*、*des ésclots*、*des escours* とじつに多様な誤答が確認されました。*des escroc* と単数形にしてしまったものもありました。そして empoché については、*embauché* とした答案がかなりの数見うけられたほか、*encore*、*embouché*、*empêché* としたもの、さらには *enpoché* としたおしいつづりミスも認められました。

（統辞レベル）書き取り試験においては、受験者がフランス語の正確な発音をマスターしているかのみならず、確かな文法知識を獲得しているかもためされます。統辞レベルのミスとして気になったのは、第 4 文の n'en です。半分近くの受験者が中性代名詞 en を書き落とし、*ne* とのみ記していました。しかし、つづく動詞 posséder は他動詞ですから、その性質上、直接目的補語を必要とし、かつ直前に un compte「口座」という不定冠詞をともなう名詞が出てきていることをふまえれば、動詞 posséder の直前には中性代名詞 en が置かれるのではないかと推測できたのではないでしょうか。この n'en のように音節の短い単語がエリジオンしていると、聞き取りにくいのは確かです。しかし、こうした箇所こそ、これまで身につけてきた文法知識をもとに、着実にクリアしてほしいところです。もう 1 つ、統辞レベルのミスで残念に思われたのが第 6 文の qu'ils récupèrent です。3 割近くの受験者が *qu'il récupère* としていましたが、文脈から考えて、宝くじに当たった不法滞在者のかわり（à sa place）に彼の当選金（ses gains）を受け取りにいくのは、友人たち（des amis）ですから、動詞 récupérer に対応する主語は三人称複数（ils）だと判断できるでしょう。

解答　En 2021 un jeune migrant a gagné 250 000 euros à la loterie. Il a alors pensé que sa vie allait complètement changer. Quand il s'est rendu au guichet pour percevoir ses

書き取り試験

gains, les employés lui ont appris qu'une somme aussi importante ne pouvait qu'être versée sur un compte en banque. Or le gagnant n'en possède pas. Et comme il n'a pas non plus de papiers en règle, il lui est impossible d'en ouvrir un. Il a donc confié son ticket à des amis pour qu'ils récupèrent ses gains à sa place. Mais au guichet, ces gens ont été pris pour des escrocs. Le jeune migrant a dû expliquer toute la situation aux policiers. Aujourd'hui, il n'a toujours pas empoché le pactole.

聞き取り試験

1

　フランス語の文章とその内容に関する質問を聞き取り、質問に対する答えの文を、文中の空欄をうめる形で完成させる問題です。聞き取った内容の一部を解答する、という点では、**部分書き取り**に近い要素もありますが、空欄に該当する語は、読まれたテキストのなかにそのままの形で見いだされるとはかぎらず、設問によっては、構文に応じた書きかえが求められます。

　たとえば、

> (Le journaliste) ― Parmi les agréments de votre profession, lequel retenez-vous d'abord ?
> 「あなたの仕事の魅力を 1 つあげるとすれば何ですか」
> (Virginie) ― L'indépendance, c'est ce que je souhaitais.
> 「自主独立です。それこそ私が望んでいたものでした」(10)

という本文の対話を聞き取り、この部分に、Parmi les aspects positifs de sa profession, lequel Virginie retient-elle d'abord ?「自分の仕事のポジティブな側面のうち、Virginie が真っ先にあげているのは何ですか」という質問と、C'est le fait d'être (　　　) comme elle le souhaitait. という答えの文が対応するのであれば、空欄には、本文の応答にある名詞 indépendance を形容詞 indépendant に変え、女性形 indépendante にしておぎなうことになります。このような、聞き取った語の品詞を変えて解答するパターンが、この問題における「言いかえ」の基本になりますが、すべてのケースがこのパターンに該当するわけではなく、本文で用いられていない語を解答させる問題も出題されています。

　なお、聞き取り 1 では、会話文での出題が原則となり、とりわけ、上の例でも見たような、インタビュー形式の対話文が繰り返し出題されています。

聞き取り試験 1

練習問題 1

・まず、Christine へのインタビューを聞いてください。
・つづいて、それについての 5 つの質問を読みます。
・もう 1 回、インタビューを聞いてください。
・もう 1 回、5 つの質問を読みます。1 問ごとにポーズをおきますから、
　その間に、答えを解答用紙の解答欄にフランス語で書いてください。
・それぞれの（　　　）内に 1 語入ります。
・答えを書く時間は、1 問につき 10 秒です。
・最後に、もう 1 回インタビューを聞いてください。
・数を記入する場合は、算用数字で書いてください。
　（メモは自由にとってかまいません）

［ 音声を聞く順番 ］　❶ → ❷ → ❶ → ❸ → ❶

(1)　Non, dans un (　　　) qui n'est pas (　　　) de chez
　　　elle.

(2)　Pour se retrouver en (　　　) dans un endroit (　　　).

(3)　Elle apprend que (　　　) n'est pas un (　　　).

(4)　Ce sont non seulement des catholiques (　　　) mais
　　　aussi des (　　　).

(5)　Non, mais elle considère qu'ils savent (　　　) et que
　　　personne ne se sent (　　　).

171

仏検公式ガイドブックセレクション 1 級（2019-2023）

（読まれるテキスト）

Le journaliste : Vous partez bientôt en vacances. Où allez-vous cette année ?

Christine : Depuis 30 ans, je passe mes vacances dans un monastère assez près de chez moi.

Le journaliste : Pourquoi choisissez-vous ce lieu un peu particulier ?

Christine : Aujourd'hui tout va très vite et ce n'est pas mon truc. J'ai souvent besoin de me retrouver en profondeur dans la tranquillité.

Le journaliste : Pourtant, quand vous ressortez du monastère, la réalité de la vie n'a pas changé.

Christine : Non, mais on l'accueille autrement ; on y replonge avec confiance. Dans un monastère, on apprend que rien n'est un échec.

Le journaliste : Y a-t-il d'autres personnes qui font comme vous une retraite estivale dans des couvents ?

Christine : Oui, de plus en plus de gens y font des retraites : non seulement des catholiques pratiquants comme moi mais aussi des athées. Ils ont besoin d'être écoutés.

Le journaliste : Les moines ne sont pourtant pas des psychanalystes.

Christine : Non, mais ils savent écouter. On ne se sent pas jugé mais accueilli dans tout ce qu'on est et dans tout ce qu'on a fait.

172

聞き取り試験 1

（読まれる質問）

un : Christine loge-t-elle dans un hôtel pendant ses vacances ?

deux : Pourquoi Christine choisit-elle un lieu aussi particulier ?

trois : Qu'est-ce que Christine apprend pendant ses vacances ?

quatre : Quels sont les gens qui font des retraites ?

cinq : Christine pense-t-elle que les moines soient des psychanalystes ?

(19)

解説 毎年修道院で夏のバカンスを過ごしているという女性がインタビュアーの質問に答えています。

(1) Christine loge-t-elle dans un hôtel pendant ses vacances ?「Christine は
バカンスの間ホテルに宿泊しているのですか」

Vous partez bientôt en vacances. Où allez-vous cette année ?「まもなくバ
カンスに出発ですが、今年はどこに行くのですか」というインタビュアーの
質問に対し、Christine は、Depuis 30 ans, je passe mes vacances dans un
monastère assez près de chez moi.「30 年来、私は近所にある修道院でバカ
ンスを過ごしています」と答えています。応答文の 1 つ目の空欄には
monastère「修道院」がそのまま入りますが、この monastère を説明してい
る関係詞節の qui 以下が否定ですから、「近所の」に相当する部分は本文の
assez près を pas loin で言いかえ、Non, dans un (monastère) qui n'est pas
(loin) de chez elle. とすることになります。loin のかわりに éloigné として
もよく、また monastère にかえて同じ意味の couvent でもよいでしょう。

(2) Pourquoi Christine choisit-elle un lieu aussi particulier ?「Christine は
どうして（バカンスの滞在先に）このような変わった場所を選んでいるので
すか」

設問とほぼ同じ内容のインタビュアーの質問に対し、Christine は、
Aujourd'hui tout va très vite et ce n'est pas mon truc.「なにかにつけあわた

173

だしい今の世のなかの風潮は私には合いません」と述べ、修道院で過ごす理由について、J'ai souvent besoin de me retrouver en profondeur dans la tranquillité.「静かな場所で自分を根本から見つめなおす必要を感じることがしばしばあります」と説明しています。空欄にはそれぞれ profondeur と tranquille が入り、Pour se retrouver en (profondeur) dans un endroit (tranquille).「静かな場所で自分を根本から見つめなおすため」が正解です。tranquille にかえて calme としてもかまいません。

⑶　Qu'est-ce que Christine apprend pendant ses vacances ?「Christine はバカンスの間にどんなことを学んでいますか」

　Pourtant, quand vous ressortez du monastère, la réalité de la vie n'a pas changé.「ですが、修道院からもどれば、現実の生活は変わっていないわけですよね」というインタビュアーの指摘に対し、Christine は、仮に現実の生活そのものに変化はないとしても、修道院で過ごしたあとでは on y replonge avec confiance「自信をもってそのなかに飛び込むことができる」と述べ、Dans un monastère, on apprend que rien n'est un échec.「修道院では、何ごとも失敗ではないということを学ぶのです」と語っています。⑶の質問に対する応答文は Christine の説明の最後の部分を繰り返したものですから、空欄にはそれぞれ rien と échec が該当します。

⑷　Quels sont les gens qui font des retraites ?「（バカンスの間に）修道院に隠遁するのはどのような人々ですか」

　retraite「隠遁」は、ここでは Christine のように一定の期間日常の生活を離れ、修道院のような場所で黙想の時間を過ごすことを指しています。Y a-t-il d'autres personnes qui font comme vous une retraite estivale dans des couvents ?「あなたのように夏の間修道院に籠もって過ごす人はほかにもいるのですか」と尋ねられた Christine は、[...] de plus en plus de gens y font des retraites : non seulement des catholiques pratiquants comme moi mais aussi des athées「私のようなカトリックの信者だけではなく、無信仰の人もふくめ、ますます多くの人々がそこで隠遁するようになっています」と答えており、Ce sont non seulement des catholiques (pratiquants) mais aussi des (athées).「カトリックの信者だけではなく、無信仰の人も」が正解です。athées のかわりに incroyants でもかまいません。pratiquant は「教会の戒律を守る（人）」という意味で、形容詞あるいは名詞として用いますが、一般

聞き取り試験 1

にはミサなどのために日常的に教会に通う人々を指し、単なる「信者」
croyant とは区別されます。

⑸　Christine pense-t-elle que les moines soient des psychanalystes ?「修道
士たちは精神分析の専門家だと Christine は考えていますか」

　人々が修道院に隠遁する理由について、Christine は、Ils ont besoin d'être
écoutés.「彼らは自分の話を聞いてもらいたいのです」と説明しています
が、これに対し、インタビュアーが Les moines ne sont pourtant pas des
psychanalystes.「ですが、修道士たちは精神分析の専門家ではありません」
と応じると、Christine は、Non, mais ils savent écouter.「そのとおりですが、
彼らは人の話に耳を傾けることができます」と述べています。Christine は
つづけて、On ne se sent pas jugé mais accueilli [...].「(修道士との対話で
は) 自分が裁かれているのではなく、受け入れられていると感じるのです」
と語っていることから、空欄にはそれぞれ écouter と jugé が入り、Non,
mais elle considère qu'ils savent (écouter) et que personne ne se sent (jugé).
が正解です (「(Christine は修道士たちが精神分析の専門家であるとは思っ
ていないが、) 彼女の考えでは、彼らは人の話を聞くことができるし、(修道
士たちとの対話では) だれも自分が裁かれているようには感じない」)。この
文の personne は ne とともに否定表現を作る不定代名詞ですから、名詞の場
合とはことなり、形容詞や過去分詞との性数の一致は起こらないことに注意
してください。

解答　⑴ (monastère) (loin)　　⑵ (profondeur) (tranquille)
　　　　⑶ (rien) (échec)　　　　⑷ (pratiquants) (athées)
　　　　⑸ (écouter) (jugé)

175

仏検公式ガイドブックセレクション 1 級 （2019-2023）

練習問題 2

・まず、Aurélien へのインタビューを聞いてください。
・つづいて、それについての 5 つの質問を読みます。
・もう 1 回、インタビューを聞いてください。
・もう 1 回、5 つの質問を読みます。1 問ごとにポーズをおきますから、
　その間に、答えを解答用紙の解答欄にフランス語で書いてください。
・それぞれの（　　　）内に 1 語入ります。
・答えを書く時間は、1 問につき 10 秒です。
・最後に、もう 1 回インタビューを聞いてください。
・数を記入する場合は、算用数字で書いてください。
　（メモは自由にとってかまいません）

［音声を聞く順番］ ❶❹ → ❶❺ → ❶❹ → ❶❻ → ❶❹

(1)　C'est une profession qui consiste à (　　　) les (　　　)
　　des gens.

(2)　Il fait des propositions (　　　) à leurs (　　　) et à leurs
　　besoins.

(3)　En ce qu'il présente différentes (　　　) pour que ses
　　clients s'(　　　) avec précision.

(4)　Il dit que les (　　　) pastel sont en (　　　) cette année.

(5)　Parce que chaque bouquet demande de faire preuve de
　　(　　　) en (　　　) avec les clients.

176

聞き取り試験 1

（読まれるテキスト）

La journaliste : Vous venez d'obtenir le prix du meilleur fleuriste de Rennes. D'abord, comment définissez-vous votre profession ?

Aurélien : Pour moi, les fleuristes sont des transmetteurs d'émotions.

La journaliste : Vous donnez des conseils aux clients ?

Aurélien : Oui, mais ça dépend des gens. Je les laisse choisir, mais en même temps, je leur fais des propositions adaptées à leurs goûts et à leurs besoins.

La journaliste : Vous êtes donc un peu un « guide des bouquets » ?

Aurélien : Exactement. Je présente différentes compositions aux clients pour leur permettre de s'exprimer avec précision.

La journaliste : Y a-t-il des fleurs particulièrement en vogue ?

Aurélien : Oui, mais cette année, quelles que soient les fleurs, on utilise beaucoup les couleurs pastel.

La journaliste : Finalement, qu'est-ce qui fait que vous aimez votre métier ?

Aurélien : Ce n'est pas répétitif. Les fleurs changent au fil des saisons, et pour chaque bouquet, il faut faire preuve de créativité en collaboration avec les clients.

（読まれる質問）

un : Quelle est la définition qu'Aurélien donne de sa profession ?

177

仏検公式ガイドブックセレクション 1 級（2019-2023）

deux : Comment Aurélien donne-t-il des conseils à ses clients ?

trois : En quoi peut-on dire que le fleuriste est un « guide des bouquets » ?

quatre : Qu'est-ce qu'Aurélien dit à propos de la tendance actuelle ?

cinq : Pourquoi Aurélien aime son métier ?

(20)

解説 インタビュー形式の対話文で、Rennes の「ベスト・フローリスト」に選ばれた Aurélien が自分の職業について語っています。

⑴ Quelle est la définition qu'Aurélien donne de sa profession ?「Aurélien は自分の職業をどのように定義していますか」

D'abord, comment définissez-vous votre profession ?「まず最初に、あなたは自分の職業をどのように定義しますか」というインタビュアーの質問に対し、Aurélien は、Pour moi, les fleuristes sont des transmetteurs d'émotions.「私にとって、フローリストとは感動を伝える者のことです」と答えています。応答文の 2 つ目の空欄には émotions がそのまま入りますが、consiste à につづく最初の空欄には動詞の不定形が該当することから、transmetteurs を動詞に変え、transmettre をおぎなうことになります（C'est une profession qui consiste à (transmettre) les (émotions) des gens.「それは人々の感動を伝える職業です」）。

⑵ Comment Aurélien donne-t-il des conseils à ses clients ?「Aurélien は顧客に対し、どのようにアドバイスをしていますか」

Vous donnez des conseils aux clients ?「顧客にアドバイスをしていますか」というインタビュアーの質問に対し、Aurélien は、ça dépend des gens「人によりけりです」と答え、Je les laisse choisir, mais en même temps, je leur fais des propositions adaptées à leurs goûts et à leurs besoins.「顧客の選択に任せていますが、同時に彼らの好みと必要に応じた提案もしています」と述べています。応答文は Aurélien の説明の最後の部分を繰り返したものですから、空欄にはそれぞれ adaptées と goûts が入り、Il fait des propositions (adaptées) à leurs (goûts) et à leurs besoins. が正解です。名詞

178

propositions と過去分詞 adaptées の一致（女性複数）には十分注意してください。goûts は新つづり字で gouts としてもかまいません。

(3) En quoi peut-on dire que le fleuriste est un « guide des bouquets » ?「フローリストはどのような点で「ブーケのガイド」であると言えるのでしょうか」

　Vous êtes donc un peu un « guide des bouquets » ?「あなたはいわば『ブーケのガイド』というわけですね」と述べるインタビュアーに対し、Aurélien は、Exactement. Je présente différentes compositions aux clients pour leur permettre de s'exprimer avec précision. 「そのとおりです。私は顧客が的確に自分を表現できるよう、ブーケのさまざまな作り方を示します」と応じています。最初の空欄には compositions「作り方」がそのまま入りますが、2つ目に関しては pour que ses clients s'(　　　) という応答文の表現に合わせ、s'exprimer の接続法現在・3人称複数の活用形 s'(expriment) が正解となります。

(4) Qu'est-ce qu'Aurélien dit à propos de la tendance actuelle ?「Aurélien は目下の流行について何と言っていますか」

　Y a-t-il des fleurs particulièrement en vogue ?「とくに流行している花はありますか」と尋ねられた Aurélien は、[...] cette année, quelles que soient les fleurs, on utilise beaucoup les couleurs pastel「今年の場合、花の種類にかかわらず、パステルカラーが好んで用いられています」と述べており、Il dit que les (couleurs) pastel sont en (vogue) cette année. 「彼は今年はパステルカラーが流行っていると述べている」が正解です。

(5) Pourquoi Aurélien aime son métier ?「Aurélien が自分の仕事が好きな理由は何ですか」

　Finalement, qu'est-ce qui fait que vous aimez votre métier ?「結局のところ、あなたはなぜ自分の仕事が好きなのでしょう？」というインタビュアーの最後の質問に対し、Aurélien は、Ce n'est pas répétitif. 「繰り返しがないからです」と答え、[...] et pour chaque bouquet, il faut faire preuve de créativité en collaboration avec les clients「花束ひとつひとつに、顧客と協力しながら創意を示さなければなりません」と述べています。空欄にはそれぞれ créativité と collaboration が入り、Parce que chaque bouquet demande

179

仏検公式ガイドブックセレクション 1 級（2019-2023）

de faire preuve de (créativité) en (collaboration) avec les clients.「ひとつひ
とつのブーケについて、顧客と協力しながら創意を示すことが求められるか
ら」が正解です。

解答　(1) (transmettre) (émotions)　　(2) (adaptées) (goûts)
　　　　(3) (compositions) (expriment)　(4) (couleurs) (vogue)
　　　　(5) (créativité) (collaboration)

聞き取り試験 1

練習問題 3

・まず、Benoît へのインタビューを聞いてください。
・つづいて、それについての 5 つの質問を読みます。
・もう 1 回、インタビューを聞いてください。
・もう 1 回、5 つの質問を読みます。1 問ごとにポーズをおきますから、
　その間に、答えを解答用紙の解答欄にフランス語で書いてください。
・それぞれの（　　　）内に 1 語入ります。
・答えを書く時間は、1 問につき 10 秒です。
・最後に、もう 1 回インタビューを聞いてください。
・数を記入する場合は、算用数字で書いてください。
（メモは自由にとってかまいません）

［ 音声を聞く順番 ］　**17** → **18** → **17** → **19** → **17**

(1) Un (　　　) qui (　　　) de l'or, des rubis, des émeraudes et des diamants.

(2) Un poème de 24 (　　　) inséré dans son (　　　) publiée en 2011.

(3) Plusieurs (　　　) d'(　　　) l'ont cherché.

(4) Il exprime ses (　　　) à tous les (　　　) de cette chasse.

(5) Il avait envie d'(　　　) les gens à (　　　) la nature et de leur redonner espoir.

181

仏検公式ガイドブックセレクション 1 級（2019-2023）

（読まれるテキスト）

La journaliste : Monsieur, on dit qu'un trésor d'une valeur d'un million d'euros que vous aviez caché a été découvert tout récemment.

Benoît : Effectivement, j'avais annoncé en 2011 avoir caché dans les montagnes un coffre contenant de l'or, des rubis, des émeraudes et des diamants.

La journaliste : Est-ce que vous aviez donné des indices sur son emplacement ?

Benoît : Bien sûr ! J'avais écrit à ce sujet un poème de 24 vers inséré dans l'autobiographie que j'ai publiée la même année.

La journaliste : Combien de personnes se sont lancées dans cette chasse au trésor ?

Benoît : Plusieurs centaines d'aventuriers ont fouillé les montagnes à la recherche du coffre, et mon poème a finalement permis à l'un d'eux de le découvrir.

La journaliste : Dans quel état d'esprit êtes-vous aujourd'hui ?

Benoît : Je remercie tous ceux qui ont participé à cette chasse au trésor.

La journaliste : Pourquoi avez-vous décidé de faire une chose pareille ?

Benoît : Je voulais amener les gens à explorer la nature et leur redonner espoir dans ces temps difficiles.

聞き取り試験 [1]

（読まれる質問）

un　　: Qu'est-ce que Benoît avait caché dans les montagnes ?

deux　: Qu'est-ce que Benoît avait donné comme indice ?

trois　: Combien de personnes ont cherché ce que Benoît avait caché ?

quatre : Quel est l'état d'esprit actuel de Benoît ?

cinq　: Quelle était la motivation de Benoît ?

(21)

解説 100万ユーロ相当の宝を山にかくし、人々に宝さがしをさせた男性がインタビュアーの質問に答えています。

⑴　Qu'est-ce que Benoît avait caché dans les montagnes ?「Benoît は何を山にかくしていたのですか」

Benoît の最初の発言に [...] j'avais annoncé en 2011 avoir caché dans les montagnes un coffre contenant de l'or, des rubis, des émeraudes et des diamants「2011 年に、金、ルビー、エメラルド、ダイヤモンドの入った金庫を山にかくしたと発表していました」とあります。したがって応答文の 1 つ目の空欄には coffre が入ります。trésor「宝」としてもかまいません。2 つ目の空欄には、Benoît の発言に現在分詞の形で登場する動詞 contenir を直説法半過去に活用させて入れ、Un (coffre) qui (contenait) de l'or, des rubis, des émeraudes et des diamants.「金、ルビー、エメラルド、ダイヤモンドの入った金庫です」とすればよいでしょう。ちなみにこの 2 つ目の空欄には comprenait、renfermait を入れても可です。

⑵　Qu'est-ce que Benoît avait donné comme indice ?「Benoît は目印として何を提供していましたか」

Est-ce que vous aviez donné des indices sur son emplacement ?「その（＝金庫の）ありかについて目印を提供していましたか」というジャーナリストの質問に対し、Benoît は J'avais écrit à ce sujet un poème de 24 vers inséré

183

仏検公式ガイドブックセレクション 1 級（2019-2023）

dans l'autobiographie que j'ai publiée la même année.「その点については、同年（＝ 2011 年）に出版した自伝のなかに 24 行詩を書いていました」と答えています。これをふまえて、応答文の 1 つ目の空欄には vers、2 つ目の空欄には autobiographie を入れ、Un poème de 24 (vers) inséré dans son (autobiographie) publiée en 2011.「2011 年に出版された彼の自伝に挿入された 24 行詩です」とします。1 つ目の空欄については lignes を入れてもかまいません。また、2 つ目の空欄については、oeuvre でも可です。

⑶　Combien de personnes ont cherché ce que Benoît avait caché ?「何人の人が Benoît がかくしたものをさがしましたか」

　Benoît の 3 つ目の発言には、Plusieurs centaines d'aventuriers ont fouillé les montagnes à la recherche du coffre [...]「数百人もの冒険家たちが金庫をさがして山を掘り起こした」とありますので、応答文の 1 つ目の空欄には centaines、2 つ目の空欄には aventuriers（hommes、individus も可）を入れ、Plusieurs (centaines) d'(aventuriers) l'ont cherché.「数百人もの冒険家がそれをさがしました」とします。

⑷　Quel est l'état d'esprit actuel de Benoît ?「Benoît の現在の心境はどうですか」

　Benoît の 4 つ目の発言に Je remercie tous ceux qui ont participé à cette chasse au trésor.「この宝さがしに参加したすべての人々に感謝しています」とあります。応答文の 1 つ目の空欄には動詞 remercier の名詞形 remerciements（複数形にするのがポイントです）が入ります。mercis としてもかまいません。また 2 つ目の空欄についても動詞 participer から派生した名詞 participant を複数形にして入れ、Il exprime ses (remerciements) à tous les (participants) de cette chasse.「彼はこの宝さがしへの参加者全員に感謝の念を示しています」とすると文が完成します。

⑸　Quelle était la motivation de Benoît ?「Benoît の動機は何でしたか」

　Pourquoi avez-vous décidé de faire une chose pareille ?「どうしてこのようなことをしようときめたのですか」というジャーナリストの最後の質問に対し、Benoît は Je voulais amener les gens à explorer la nature et leur redonner espoir dans ces temps difficiles.「人々に自然を探索させ、このような困難な時代に希望をあたえたかったのです」と答えています。これをふま

えて応答文の1つ目の空欄には amener（encourager、inciter、inviter も可）を、2つ目の空欄には explorer（fouiller も可）を入れ、Il avait envie d'(amener) les gens à (explorer) la nature et de leur redonner espoir.「彼は人々に自然を探索させ、希望をあたえたかったのです」とすればよいでしょう。

解答　⑴ (coffre) (contenait)　　⑵ (vers) (autobiographie)
　　　　⑶ (centaines) (aventuriers)　⑷ (remerciements) (participants)
　　　　⑸ (amener) (explorer)

仏検公式ガイドブックセレクション1級（2019-2023）

練習問題 4

・まず、Alex と Julie の対話を聞いてください。
・つづいて、それについての5つの質問を読みます。
・もう1回、インタビューを聞いてください。
・もう1回、5つの質問を読みます。1問ごとにポーズをおきますから、
　その間に、答えを解答用紙の解答欄にフランス語で書いてください。
・それぞれの（　　　）内に1語入ります。
・答えを書く時間は、1問につき10秒です。
・最後に、もう1回対話聞いてください。
・数を記入する場合は、算用数字で書いてください。
　（メモは自由にとってかまいません）

［音声を聞く順番］　❷ → ㉑ → ❷ → ㉒ → ❷

(1)　Il a cru qu'elle (　　　　) des (　　　　).

(2)　Elle (　　　　) la (　　　　).

(3)　Parce qu'elle avait besoin de (　　　　) et d'(　　　　).

(4)　Elle lit des (　　　　) et (　　　　) la musique de ballets.

(5)　Elle le trouve (　　　　) de se (　　　　).

聞き取り試験 1

（読まれるテキスト）

Alex : Oh, pardon ! Qu'est-ce que tu fais dans cette chambre totalement vide ?

Julie : Je médite.

Alex : Comment ? Tu dis du mal des gens ?

Julie : Non, j'ai dit « méditer », pas « médire » ; je pratique la méditation.

Alex : Ah bon, d'accord ; mais où est passé ton piano ?

Julie : Je l'ai vendu. J'en avais marre de m'entraîner toute la journée.

Alex : Ça, je comprends, mais tu n'avais pas besoin de te débarrasser de l'instrument !

Julie : J'avais besoin de silence mais aussi d'espace. Je ne joue plus du piano mais je lis des partitions pour trouver de l'inspiration, et je danse. C'est comme ça que je compose, maintenant.

Alex : Et c'est efficace ?

Julie : Très ! J'ai écrit la musique de deux ballets en un mois !

Alex : Ça a l'air intéressant. Je devrais peut-être essayer.

Julie : Oh, avec toi, ça ne marchera jamais ! Tu es incapable de te concentrer !

Alex : Tu vois : tu médis !

（読まれる質問）

un : Comment Alex a-t-il compris la première réponse de Julie ?

仏検公式ガイドブックセレクション１級（2019-2023）

deux ：Que faisait Julie quand Alex est entré dans la chambre ?

trois ：Pourquoi Julie a-t-elle vendu son instrument ?

quatre：Qu'est-ce que Julie fait depuis qu'elle a vendu son piano ?

cinq ：Qu'est-ce que Julie pense d'Alex ?

(22)

解説、ピアノを売り、新たな方法で作曲のインスピレーションを得るように
なった女性と友人の男性との対話です。

⑴ Comment Alex a-t-il compris la première réponse de Julie ?「Alex は最
初、Julie の答えをどのように理解しましたか」
　ここでは Alex と Julie の冒頭のやりとりに注目してみましょう。Qu'est-ce
que tu fais dans cette chambre totalement vide ?「こんなにすっかり空っぽの
部屋で何をしているんだい」という Alex の質問に対し、Julie は Je médite.
「瞑想しているの」と答えています。しかし、「瞑想する « méditer »」と
いう語を「悪口を言う « médire »」という語と聞きまちがえた Alex は、
Comment ? Tu dis du mal des gens ?「なんだって。人の悪口を言ってるだ
って」と Julie に聞き返します。すると Julie は、Alex のまちがいをただす
べく、Non, j'ai dit « méditer », pas « médire »;「ちがうの、『悪口を言う
« médire »』と言ったのではなく、『瞑想する « méditer »』と言ったのよ」
と答えています。正答をみちびくうえでキーセンテンスとなるのが、Alex
の２つ目の発言の Tu dis du mal des gens ?ですが、解答にあたっては１つ
の空欄につき１語しか入れてはいけないことに気をつけましょう。すると１
つ目の空欄には dire du mal de qn「～の悪口を言う」のかわりに médire を
適切な法と時制に活用させて入れるとよいとわかります。ここでは主節で複
合過去が用いられていますので、主節との時制の一致が起こることに注意し
ましょう。したがって、正解は médisait となります。また、２つ目の空欄に
は gens を入れ、Il a cru qu'elle (médisait) des (gens).「彼は彼女が人の悪口
を言っていると思いました」とすると文が完成します。

⑵ Que faisait Julie quand Alex est entré dans la chambre ?「Alex が部屋
に入ったとき、Julie は何をしていましたか」

188

聞き取り試験 1

Julie の 2 番目の発言には je pratique la méditation「瞑想しているの」とありますので、この一節をふまえて解答を準備しましょう。ただし、質問文では Que faisait Julie [...] ? と faire の直説法半過去が用いられていますので、これに時制を合わせ、答えの文でも pratiquer を直説法半過去に活用させる必要があります。したがって、1 つ目の空欄には pratiquait、2 つ目の空欄には méditation を入れ、Elle (pratiquait) la (méditation).「彼女は瞑想をしていました」とするとよいでしょう。

(3) Pourquoi Julie a-t-elle vendu son instrument ?「Julie はなぜ楽器を売ってしまったのですか」

Julie の 3 つ目の発言では、ピアノを売ってしまった理由についてまず、J'en avais marre de m'entraîner toute la journée.「1 日中練習するのにうんざりしてしまったの」と明かされます。これに対して、Alex は Ça, je comprends, mais tu n'avais pas besoin de te débarrasser de l'instrument !「それはわかるけれど、楽器を処分する必要なんてなかっただろう」と指摘します。すると、Julie は J'avais besoin de silence mais aussi d'espace.「静けさとスペースが必要だったのよ」と答えます。この Julie の発言をもとに、1 つ目の空欄には silence、2 つ目の空欄には espace を入れるとよいでしょう。1 つ目の空欄には calme, tranquillité を入れてもかまいません。

(4) Qu'est-ce que Julie fait depuis qu'elle a vendu son piano ?「ピアノを売って以来、Julie は何をしていますか」

Julie の 4 つ目の発言には、Je ne joue plus du piano mais je lis des partitions pour trouver de l'inspiration, et je danse. C'est comme ça que je compose, maintenant.「もうピアノは弾かないけれど、インスピレーションを得るために楽譜を読んで、踊っているの。今はそうやって作曲しているのよ」とあります。さらに、彼女の 5 つ目の発言には J'ai écrit la musique de deux ballets en un mois !「ひと月でバレエ音楽を 2 つ書いたわ」とあり、Julie がバレエ音楽を作曲していることがわかります。これらをもとにすると 1 つ目の空欄には partitions、2 つ目の空欄には compose あるいは écrit を入れ、Elle lit des (partitions) et (compose / écrit) la musique de ballets.「彼女は楽譜を読み、バレエ音楽を作曲しています」とすればよいとわかります。2 つ目の空欄については、rédige, crée も可です。

189

⑸　Qu'est-ce que Julie pense d'Alex ?「Julie は Alex についてどのように考えていますか」

　楽譜を読み、踊るという新たな作曲方法で生産性をあげたとする Julie に対し、Alex は Je devrais peut-être essayer.「おそらくぼくもためすべきなんだろうなあ」と言います。すると Julie は Oh, avec toi, ça ne marchera jamais ! Tu es incapable de te concentrer !「ああ、あなたは絶対うまくいかないわ！集中できないんですもの」と反対します。この発言のとくに後半部に注目し、1 つ目の空欄には incapable、2 つ目の空欄には concentrer を入れ、Elle le trouve (incapable) de se (concentrer).「彼女は彼が集中できないと考えています」とすれば文が完成します。

　⑴ (médisait) (gens)　　　　　⑵ (pratiquait) (méditation)
　　　⑶ (silence) (espace)　　　　　⑷ (partitions) (compose / écrit)
　　　⑸ (incapable) (concentrer)

聞き取り試験 1

練習問題5

・まず、Raphaël へのインタビューを聞いてください。
・つづいて、それについての5つの質問を読みます。
・もう1回、インタビューを聞いてください。
・もう1回、5つの質問を読みます。1問ごとにポーズをおきますから、
　その間に、答えを解答用紙の解答欄にフランス語で書いてください。
・それぞれの（　　　）内に1語入ります。
・答えを書く時間は、1問につき10秒です。
・最後に、もう1回インタビューを聞いてください。
・数を記入する場合は、算用数字で書いてください。
（メモは自由にとってかまいません）

[音声を聞く順番]　㉓ → ㉔ → ㉓ → ㉕ → ㉓

(1) C'est un (　　　) qui est entré dans sa voiture sans pouvoir en (　　　).

(2) Un (　　　) produit par l'animal qui s'(　　　) dans le véhicule.

(3) Non, parce qu'elle n'a pas (　　　) l'(　　　) de la situation.

(4) Il a (　　　) la (　　　) avec un bâton.

(5) C'est la (　　　) de l'(　　　) qu'il y avait dans la voiture.

191

仏検公式ガイドブックセレクション 1 級（2019-2023）

（読まれるテキスト）

La journaliste : Il paraît que vous avez vécu une soirée terrible hier. Qu'est-ce qui s'est passé ?

Raphaël : Un ours s'est introduit dans ma voiture vers minuit, sans réussir à rouvrir la portière pour en ressortir.

La journaliste : Qu'est-ce que vous faisiez à ce moment-là ?

Raphaël : J'étais dans mon lit, quand j'ai été réveillé par un craquement. J'ai regardé par la fenêtre et découvert que l'ours s'agitait dans ma voiture.

La journaliste : Comment est-ce que vous avez réagi ?

Raphaël : J'ai appelé la police, mais ne comprenant pas l'urgence de la situation, elle m'a dit que des agents spécialisés se déplaceraient le lendemain.

La journaliste : Qu'est-ce que vous avez fait, alors ?

Raphaël : J'ai pris mon courage à deux mains et j'ai ouvert la portière à l'aide d'un bâton pour libérer l'animal. L'ours s'est sauvé tout de suite.

La journaliste : Quels ont été les dégâts dans la voiture ?

Raphaël : Le plafond a été arraché à coups de griffes et le pare-brise fracturé. Mais j'ai surtout été étonné par l'odeur tenace. Les ours ne sentent vraiment pas bon !

（読まれる質問）

un : Quel animal a fait passer une soirée terrible à Raphaël ?

deux : Qu'est-ce qui a réveillé Raphaël ?

聞き取り試験 1

trois ： La police est-elle venue tout de suite ?

quatre ： Qu'est-ce que Raphaël a fait pour libérer l'animal ?

cinq ： Qu'est-ce qui a étonné Raphaël ?

(23)

解説 車に閉じ込められたクマを逃がした男性へのインタビューです。

(1) Quel animal a fait passer une soirée terrible à Raphaël ?「Raphaël に恐ろしい一夜を過ごさせることになった動物は何ですか」

　ジャーナリストと Raphaël の冒頭のやりとりに注目しましょう。Il paraît que vous avez vécu une soirée terrible hier. Qu'est-ce qui s'est passé ?「きのう、恐ろしい一夜を過ごされたようですね。何が起きたのですか」というジャーナリストの質問に対し、Raphaël は Un ours s'est introduit dans ma voiture vers minuit, sans réussir à rouvrir la portière pour en ressortir.「1 頭のクマが真夜中ごろに私の車のなかに入り込み、そこから出るためにドアをもう一度開けることができなくなってしまったのです」と答えています。この Raphaël の発言をふまえると、1 つ目の空欄には ours、2 つ目の空欄には ressortir を入れ、C'est un (ours) qui est entré dans sa voiture sans pouvoir en (ressortir).「1 頭のクマが彼の車のなかに入り込み、そこから出ることができなくなってしまいました」とするとよいとわかります。なお、2 つ目の空欄については、ressortir のかわりに sortir、redescendre としてもかまいません。

(2) Qu'est-ce qui a réveillé Raphaël ?「Raphaël は何のせいで目を覚ましましたか」

　Raphaël の 2 番目の発言には、J'étais dans mon lit, quand j'ai été reveille par un craquement. J'ai regardé par la fenêtre et découvert que l'ours s'agitait dans ma voiture.「私はベッドのなかにいたのですが、みしみしいう音で目を覚ましました。窓から眺めたところ、クマが私の車のなかで動きまわっているのを発見しました」とあります。この発言をふまえ、1 つ目の空欄には craquement、2 つ目の空欄には agitait を入れ、Un (craquement) produit par l'animal qui s'(agitait) dans le véhicule.「車のなかで動きまわる動物のたて

193

ていたみしみしいう音」とすればよいでしょう。1つ目の空欄については、bruit、son も可です。

(3) La police est-elle venue tout de suite ?「警察はすぐに来ましたか」

　クマが自分の車のなかにいるのをみつけたという Raphaël の発言を受けて、ジャーナリストは Comment est-ce que vous avez réagi ?「どのように対応したのですか」と尋ねます。これに対して、Raphaël は J'ai appelé la police, mais ne comprenant pas l'urgence de la situation, elle m'a dit que des agents spécialisés se déplaceraient le lendemain.「警察を呼びましたが、警察は状況の緊急性を理解せず、翌日専門の警官が行くと言いました」と答えています。この Raphaël の発言の ne comprenant pas l'urgence de la situation という一節をふまえ、1つ目の空欄には compris、2つ目の空欄には urgence を入れると、Non, parce qu'elle n'a pas (compris) l'(urgence) de la situation.「いいえ、なぜなら状況の緊急性を理解しなかったからです」という文が完成します。1つ目の空欄には compris のかわりに vu、saisi、réalisé を入れてもかまいません。2つ目の空欄については、urgence のかわりに importance としても可です。

(4) Qu'est-ce que Raphaël a fait pour libérer l'animal ?「その動物を逃がすために Raphaël はどうしましたか」

　Raphaël の4番目の発言には、J'ai pris mon courage à deux mains et j'ai ouvert la portière à l'aide d'un bâton pour libérer l'animal. L'ours s'est sauvé tout de suite.「私は勇気をふるい起こし、その動物を逃がすために棒を使ってドアを開けました。クマはすぐに逃げ出しました」とあります。この発言の j'ai ouvert la portière à l'aide d'un bâton という一節をもとに、1つ目の空欄には ouvert、2つ目の空欄には portière を入れるとよいでしょう。Il a (ouvert) la (portière) avec un bâton.「彼は棒を使ってドアを開けました」が正解です。1つ目の空欄については ouvert のかわりに débloqué としてもかまいません。2つ目の空欄については、porte としても可です。

(5) Qu'est-ce qui a étonné Raphaël ?「Raphaël は何に驚きましたか」

　ジャーナリストの Quels ont été les dégâts dans la voiture ?「車にはどのような被害がありましたか」という質問に対し、Raphaël はまず、Le plafond a été arraché à coups de griffes et le pare-brise fracturé.「天井が爪で引っか

かれてもぎ取られ、フロントガラスが壊れました」と答え、さらに、Mais j'ai surtout été étonné par l'odeur tenace. Les ours ne sentent vraiment pas bon !「でも、とくにしつこいにおいに驚きました。クマは本当にいやなにおいがするんです！」とつづけています。解答に際しては、j'ai surtout été étonné par l'odeur tenace という一節に注目しましょう。なお、1つ目の空欄を適切にうめるには、形容詞 tenace を名詞 ténacité にかえる必要があります。2つ目の空欄には odeur を入れましょう。すると、C'est la (ténacité) de l'(odeur) qu'il y avait dans la voiture.「車のなかにあったにおいのしつこさです」という文が完成します。1つ目の空欄については、force、persistance、virulence としてもかまいませんが、形容詞を名詞化するという操作が必要です。

解答　(1) (ours) (ressortir)　　(2) (craquement) (agitait)
　　　　(3) (compris) (urgence)　(4) (ouvert) (portière)
　　　　(5) (ténacité) (odeur)

2

　長文とその内容について述べた文を聞き取り、両者の内容が一致するかどうかを判断する問題です（**内容一致**）。問題の形式は筆記 7 と同じですが、聞き取り 2 では話の流れに沿って設問の文が配置されているため、本文と設問との対応は比較的把握しやすいかもしれません。筆記 7 の場合と同様、設問は本文の記述のパラフレーズですから、細部にわたる一致・不一致に留意し、慎重に正誤を判断します。とりわけ、ne... que のような限定の表現や肯定・否定の区別など、文字で表記されていればなんでもないケースでも、聞き取りでは思わぬとりちがえをすることがあり、即断は避けなければなりません。

　本文の長さは 20〜25 行程度、1 人称によるモノローグが中心ですが、3 人称による説明文が出題されることもあります。

聞き取り試験 2

練習問題 1

・まず、Louis の話を 2 回聞いてください。
・次に、その内容について述べた文 (1) ～ (10) を 2 回通して読みます。それぞれの文が話の内容に一致する場合は解答欄の ① に、一致しない場合は ② にマークしてください。
・最後に、もう 1 回 Louis の話を聞いてください。
（メモは自由にとってかまいません）

［音声を聞く順番］　㉖ → ㉖ → ㉗ → ㉗ → ㉖

（読まれるテキスト）

　Je suis acteur et, l'année dernière, je suis allé au Canada pour travailler dans un théâtre pendant un mois, avec un contrat de 10 000 dollars canadiens, l'équivalent de 6 500 euros. Mais, pendant une répétition, je suis tombé du haut d'une échelle de quatre mètres. Je me suis fracturé un os de la cheville. J'ai été transporté à un hôpital de Montréal où je suis resté pendant trois jours. Cela m'a coûté 800 dollars et, en plus, mon contrat a été annulé. Après mon retour en France, j'ai eu une bonne surprise : l'hôpital m'a envoyé un chèque de 27,50 dollars, l'équivalent de 18 euros. En effet, comme je n'étais resté à l'hôpital que quelques heures la dernière journée, je ne devais pas payer les deux derniers repas de ce jour-là. Je suis allé tout de suite à ma banque pour encaisser le chèque. Un mois plus tard, stupéfaction ! Sur mon relevé de compte, j'ai bien trouvé un versement de 18 euros mais j'ai aussi constaté qu'on m'avait retiré 38 euros de commission ! J'ai demandé des explications et on m'a dit que, pour un petit montant en devises étrangères, le règlement par chèque n'était pas

仏検公式ガイドブックセレクション 1 級 (2019-2023)

le plus avantageux. Sauf pour la banque, bien sûr ! Surtout, j'aurais dû être averti de cette commission quand j'ai déposé le chèque. Finalement, la banque a accepté exceptionnellement de me reverser 20 euros mais, en fin de compte, je suis perdant.

（読まれる内容について述べた文）

un : Louis est allé au Canada pour travailler bénévolement dans un théâtre.

deux : Louis s'est blessé à la première représentation.

trois : Louis s'est fait une entorse à la cheville.

quatre : Le contrat de Louis n'a pas été rompu.

cinq : Louis a reçu un chèque de 27,50 dollars le jour de sa sortie de l'hôpital.

six : Louis a passé 72 heures dans un hôpital de Montréal.

sept : Louis a réussi à encaisser le chèque de 27,50 dollars.

huit : Selon Louis, le règlement par chèque d'un petit montant en devises étrangères est avantageux pour la banque.

neuf : La banque n'avait pas averti Louis de la commission de 38 euros.

dix : C'est à titre exceptionnel que la banque a partiellement remboursé Louis.

(19)

解説 俳優の Louis がカナダでの仕事の不運な顛末について語ったものです。

(**1**) Louis est allé au Canada pour travailler bénévolement dans un théâtre.

聞き取り試験 2

「Louis はある劇場で無償で働くためにカナダに行った」

本文の冒頭で、Louis は、[...] je suis allé au Canada pour travailler dans un théâtre pendant un mois, avec un contrat de 10 000 dollars canadiens [...]. 「私は 1 万カナダ・ドルの契約を交わし、ある劇場で 1 ヵ月間働くためにカナダに行きました」と述べており、カナダでの仕事では報酬を受け取る予定だったことがわかります。日本語の「ボランティア」に対応するフランス語 bénévole、volontaire の 2 つがありますが、volontaire が「自由意志」による志願者を指し、報酬の有無とは無関係に使用されるのに対し、bénévole は「無償奉仕」の場合に限って用いられるので、両者の語義の差に注意が必要です。

(2) Louis s'est blessé à la première représentation. 「Louis は最初の公演で（公演初日に）負傷した」

Louis は、怪我をした状況について、[...] pendant une répétition, je suis tombé du haut d'une échelle de quatre mètres 「リハーサルの間に、高さ 4 メートルのはしごの上から落ちた」と述べていますから、(2) は本文の内容と一致しません。

(3) Louis s'est fait une entorse à la cheville. 「Louis はくるぶしを捻挫した」

はしごの上から落ちた結果、Louis は、Je me suis fracturé un os de la cheville. 「くるぶしを骨折した」と述べています。「捻挫」と「骨折」ではもちろん意味がことなりますから、(3) は本文の内容と一致しません。今回の聞き取り 2 では、(3) のみ得点率が 3 割程度と極端に低く、se faire une entorse 「捻挫する」という表現にあまりなじみがなかったことがうかがわれます。

(4) Le contrat de Louis n'a pas été rompu. 「Louis の契約は破棄されなかった」

Louis はつづけて、J'ai été transporté à un hôpital de Montréal où je suis resté pendant trois jours. 「モントリオールの病院に運ばれ、3 日間入院しました」と述べ、Cela m'a coûté 800 dollars et, en plus, mon contrat a été annulé. 「そのために 800 ドルかかったうえ、私の契約は破棄されたのです」と説明しています。

(5) Louis a reçu un chèque de 27,50 dollars le jour de sa sortie de l'hôpital.

仏検公式ガイドブックセレクション 1 級（2019-2023）

「Louis は退院した日に 27.5 ドルの小切手を受け取った」

　病院から小切手を受け取った経緯について、Louis は、Après mon retour en France, j'ai eu une bonne surprise : l'hôpital m'a envoyé un chèque de 27,50 dollars, l'équivalent de 18 euros.「フランスにもどったあと、私は思いがけないプレゼントを受け取りました。病院が 27.5 ドル、つまり 18 ユーロ相当の小切手を送ってきたのです」と述べており、Louis は退院の日に小切手を受け取ったわけではありません。

(6)　Louis a passé 72 heures dans un hôpital de Montréal.「Louis はモントリオールの病院で 72 時間過ごした」

　設問 (4) で見たように、Louis はモントリオールの病院に「3 日間いた」と説明していますが、病院が 27.5 ドルを返金した理由について、En effet, comme je n'étais resté à l'hôpital que quelques heures la dernière journée, je ne devais pas payer les deux derniers repas de ce jour-là.「実際、3 日目は病院に数時間しかいなかったのだから、この日の昼食と夕食の分は支払う必要がなかったのだ」と述べており、Louis が病院で過ごした時間は 72 時間に満たないことがわかります。

(7)　Louis a réussi à encaisser le chèque de 27,50 dollars.「Louis は 27.5 ドルの小切手を換金することができた」

　小切手を受け取った Louis はすぐに銀行に行って換金の手続きをおこないますが、1 ヵ月後、通帳を見た Louis は目を疑います。[...], j'ai bien trouvé un versement de 18 euros mais j'ai aussi constaté qu'on m'avait retiré 38 euros de commission !「たしかに 18 ユーロが振り込まれていたものの、同時に手数料として 38 ユーロが引き落とされていたのである」。この場合、手数料の件は別にしても、小切手の額面 27.5 ドルに相当する 18 ユーロが振り込まれていたことは事実ですから、(7) は本文の内容と一致することになります。

(8)　Selon Louis, le règlement par chèque d'un petit montant en devises étrangères est avantageux pour la banque.「Louis によれば、額面が少額の場合、外貨建ての小切手による決済は銀行の得になる」

　銀行から、[...] pour un petit montant en devises étrangères, le règlement par chèque n'était pas le plus avantageux.「外貨建てで額面が少額の場合、

聞き取り試験 2

小切手による決済はかならずしも有利ではない」という説明を受けた Louis は、Sauf pour la banque, bien sûr !「もちろん銀行にとって以外は」という皮肉を述べており、(8)は本文の内容と一致します。

(9) La banque n'avait pas averti Louis de la commission de 38 euros.「銀行は 38 ユーロの手数料について Louis に説明していなかった」

Louis はつづけて、Surtout, j'aurais dû être averti de cette commission quand j'ai déposé le chèque.「なによりも、私が小切手を持ち込んだときに、銀行は手数料について私に説明しておくべきだったのです」と述べています。この場合、j'aurais dû être averti「（手数料について）知らされるべきだった」という条件法過去の記述は「過去において実現しなかった行為・出来事」を示しており、直説法で言えば je n'ai pas été averti「知らされていなかった」と同義ですから、(9)は本文の内容と一致することになります。

(10) C'est à titre exceptionnel que la banque a partiellement remboursé Louis.「銀行が Louis に（手数料の）一部を払いもどしたのはあくまで例外的な措置である」

Louis は最後に、Finalement, la banque a accepté exceptionnellement de me reverser 20 euros mais, en fin de compte, je suis perdant.「結局銀行は例外的な措置として私に 20 ユーロを返金することに応じたが、要は私が損をしたことにかわりはない」と述べており、(10)は本文の内容と一致します。病院から返金された 18 ユーロは結局 Louis の手元には残らなかったわけですから（Louis は小切手の額面 18 ユーロと払いもどしの 20 ユーロで計 38 ユーロを受け取っている一方、手数料として 38 ユーロを銀行に支払っています）、Louis が「損をした」と嘆くのも無理はありません。

解答　(1) ②　(2) ②　(3) ②　(4) ②　(5) ②　(6) ②　(7) ①　(8) ①
　　　(9) ①　(10) ①

201

仏検公式ガイドブックセレクション1級 (2019-2023)

練習問題 2

・まず、あるニュースを 2 回聞いてください。
・次に、その内容について述べた文 (1) 〜 (10) を 2 回通して読みます。それ
　ぞれの文がニュースの内容に一致する場合は解答欄の ① に、一致しな
　い場合は ② にマークしてください。
・最後に、もう 1 回ニュースを聞いてください。
　（メモは自由にとってかまいません）

［ 音声を聞く順番 ］　**28** → **28** → **29** → **29** → **28**

（読まれるテキスト）

　Il aurait dû devenir le premier Noir africain à voyager dans
l'espace. Le Sud-Africain David Baron est mort dans un accident
de moto, a annoncé sa famille samedi. Il avait seulement 29 ans.

　Marchand de journaux, il était surnommé « l'afronaute » depuis
qu'il avait gagné en 2016 le droit d'effectuer un vol de 120
kilomètres dans l'espace à bord d'un vaisseau spatial américain.
Sélectionné avec 25 autres personnes pour effectuer un voyage
d'une heure dans l'espace, il avait battu un million d'autres
candidats venus de 76 pays. David Baron, originaire de Temba, au
nord de la capitale sud-africaine Pretoria, s'était entraîné pendant
une semaine en Floride. Au programme : sauts en chute libre, vols
à bord d'avions de combat et résistance à l'accélération.

　Le concours était organisé par l'Académie de l'Espace pour
Tous et parrainé par une entreprise chinoise de tourisme spatial.
Programmé en 2019, le vol avait été reporté et devait avoir lieu en
décembre 2020. Après un de ses compatriotes qui, en 2002, avait
été le premier Africain blanc à voyager dans l'espace, David

202

聞き取り試験 2

Baron pensait qu'il pourrait inspirer les jeunes Africains, et leur montrer qu'ils pouvaient tout faire.

（読まれる内容について述べた文）

un : David Baron aurait dû devenir le premier Africain à voyager dans l'espace.

deux : Ce sont des membres de sa famille qui ont annoncé le décès de David Baron.

trois : David Baron était journaliste.

quatre : En 2016, David Baron avait gagné le droit d'effectuer un vol dans l'espace à bord d'un vaisseau spatial américain.

cinq : Au concours de 2016, il y avait eu un million de candidats venus de plus de 80 pays.

six : David Baron était né au nord de la capitale sud-africaine.

sept : En Floride, David Baron s'était entraîné pendant un mois.

huit : Le concours de 2016 était parrainé par une entreprise américaine de tourisme spatial.

neuf : Le vol devait initialement avoir lieu en décembre 2020.

dix : David Baron pensait qu'il pourrait montrer un bon exemple aux jeunes Africains.

(20)

解説 初飛行を前に不慮の死をとげた、南アフリカ出身の宇宙飛行士に関する文章です。

(1) David Baron aurait dû devenir le premier Africain à voyager dans

203

仏検公式ガイドブックセレクション1級 (2019-2023)

l'espace.「David Baron は宇宙飛行をおこなう最初のアフリカ人になるはず
だった」

　本文では、第1段落の冒頭で、Il (= David Baron) aurait dû devenir le
premier Noir africain à voyager dans l'espace.「彼 (David Baron) は、アフ
リカ出身の黒人としてはじめて宇宙飛行をおこなうはずだった」と述べられ
ています。ただし、アフリカ人の宇宙飛行士は David Baron がはじめてと
いうわけではなく、第3段落に、un de ses compatriotes qui, en 2002, avait
été le premier Africain blanc à voyager dans l'espace「2002年にはじめてア
フリカ出身の白人として宇宙を旅した彼の同国人の1人」という記述がある
ことから、Baron よりも前に、彼と同じ南アフリカ出身の白人がアフリカ人
として初の宇宙飛行をおこなっていたことがわかります。

⑵　Ce sont des membres de sa famille qui ont annoncé le décès de David
Baron.「David Baron の死去を公にしたのは彼の家族である」

　David Baron の死については、第1段落で、Le Sud-Africain David Baron
est mort dans un accident de moto, a annoncé sa famille samedi.「南アフリ
カ人 David Baron がバイクの事故で亡くなったことを彼の家族が土曜日に
公にした」と述べられています。

⑶　David Baron était journaliste.「David Baron はジャーナリストだった」

　第2段落の冒頭に、宇宙飛行士としての訓練を受ける前の David Baron
の職業が marchand de journaux「新聞の販売」だったことが述べられており、
⑶は本文の内容と一致しません。

⑷　En 2016, David Baron avait gagné le droit d'effectuer un vol dans
l'espace à bord d'un vaisseau spatial américain.「David Baron はアメリカの
宇宙船に搭乗して宇宙飛行をおこなう権利を2016年に得ていた」

　設問の文は、第2段落の、[...] il avait gagné en 2016 le droit d'effectuer
un vol de 120 kilomètres dans l'espace à bord d'un vaisseau spatial
américain.「彼 (David Baron) はアメリカの宇宙船に搭乗して宇宙を120km
飛行する権利を2016年に得ていた」とほぼ同一です。

⑸　Au concours de 2016, il y avait eu un million de candidats venus de
plus de 80 pays.「2016年の選抜コンクールには80ヵ国以上から100万人の
候補者が参加した」

第2段落では、2016年のコンクールについて、David Baron が un million d'autres candidats venus de 76 pays「76ヵ国から参加した100万人の候補者」のなかから選ばれたと述べられており、⑸は本文の内容と一致しません。

⑹ David Baron était né au nord de la capitale sud-africaine.「David Baron は南アフリカの首都の北部で生まれた」

David Baron の出身地については、第2段落に、[...] originaire de Temba, au nord de la capitale sud-africaine Pretoria「南アフリカの首都 Pretoria の北部 Temba の出身」と述べられており、⑵は本文の内容と一致します。

⑺ En Floride, David Baron s'était entraîné pendant un mois.「David Baron はフロリダで1ヵ月間訓練を受けた」

第2段落では、David Baron [...] s'était entraîné pendant une semaine en Floride.「David Baron はフロリダで1週間訓練を受けた」と述べられています。

⑻ Le concours de 2016 était parrainé par une entreprise américaine de tourisme spatial.「2016年のコンクールはアメリカの宇宙観光企業の後援を受けていた」

2016年のコンクールの後援企業については、第3段落の冒頭で、Le concours était organisé par l'Académie de l'Espace pour Tous et parrainé par une entreprise chinoise de tourisme spatial.「コンクールは Académie de l'Espace pour Tous によって主催され、中国の宇宙観光企業の後援を受けていた」と説明されています。

⑼ Le vol devait initialement avoir lieu en décembre 2020.「(David Baron の)宇宙飛行は当初2020年12月におこなわれる予定だった」

Programmé en 2019, le vol avait été reporté et devait avoir lieu en décembre 2020.「2019年に予定されていた(David Baron の)宇宙飛行は延期され、2020年12月におこなわれることになっていた」という第3段落の記述から、Baron の宇宙飛行は当初の予定では2019年におこなわれるはずだったことになり、当初の予定を「2020年12月」としている⑼は本文の内容と一致しません。

⑽ David Baron pensait qu'il pourrait montrer un bon exemple aux jeunes

仏検公式ガイドブックセレクション1級（2019-2023）

Africains.「David Baron は自分がアフリカの若者たちによいお手本を示すことができるだろうと考えていた」

　本文の末尾には、[...] David Baron pensait qu'il pourrait inspirer les jeunes Africains, et leur montrer qu'ils pouvaient tout faire.「David Baron は自分の例がアフリカの若者たちを触発し、どんなことでも可能なのだということを彼らに示すことができるだろうと思っていた」という1文があり、設問の文はこれを言いかえたものと考えることができます。

解答　(1) ②　(2) ①　(3) ②　(4) ①　(5) ②　(6) ①　(7) ②　(8) ②
(9) ②　(10) ①

聞き取り試験 2

練習問題 3

・まず、次のニュースを 2 回聞いてください。
・次に、その内容について述べた文(1)〜(10)を 2 回通して読みます。それ
　ぞれの文がニュースの内容に一致する場合は解答欄の①に、一致しな
　い場合は②にマークしてください。
・最後に、もう 1 回ニュースを聞いてください。
　（メモは自由にとってかまいません）

［ 音声を聞く順番 ］　㉚ → ㉚ → ㉛ → ㉛ → ㉚

（読まれるテキスト）

Selon le *Journal de Nantes*, deux jeunes Nantais respectivement
âgés de 18 et 22 ans ont été agressés mercredi 9 avril. Ils
rentraient en tram-train de leurs vacances à Châteaubriant (Loire-
Atlantique).

Comme ils demandaient à deux autres jeunes, montés en gare
d'Issé, d'éteindre leurs cigarettes, la discussion s'est envenimée.
Les deux Nantais ont alors cherché un contrôleur pour régler
lelitige. En vain.

Lors d'un arrêt en gare de Nort-sur-Erdre, quatre individus sont
montés dans le tram-train pour épauler les fumeurs réprimandés et
agresser les deux passagers. Les deux Nantais ont finalement été
transportés dans un hôpital de Nantes où ils ont été pris en charge.
L'un a écopé de plusieurs fractures au visage, d'une entaille à
l'arcade sourcilière et d'hématomes. L'autre s'en est sorti avec le
nez cassé et une blessure au couteau à la main. Le surlendemain
des faits, les deux jeunes ont déposé une plainte au commissariat
de leur quartier, pour violence en réunion avec arme. Le dossier a

207

仏検公式ガイドブックセレクション1級 (2019-2023)

été transféré à Nort-sur-Erdre, où une enquête est en cours.

（読まれる内容について述べた文）

un　　: L'incident a eu lieu en Corse.

deux : Les deux Nantais rentraient de leurs vacances à Châteaubriant.

trois : Les deux Nantais ont été agressés par un passager qui a éteint leurs cigarettes.

quatre : Les deux Nantais ont demandé à un contrôleur d'arrêter leur dispute.

cinq　: Quatre individus sont montés dans le tram-train à Nort-sur-Erdre pour frapper les fumeurs.

six　 : Les deux Nantais ont été emmenés à l'hôpital.

sept : L'un des deux Nantais a reçu une entaille à l'arcade sourcilière.

huit　: L'autre Nantais a été blessé à la jambe.

neuf : Les deux Nantais ont porté plainte deux jours après les faits.

dix　 : L'enquête a blanchi les agresseurs.

(21)

解説 トラムトレイン内で起こった暴行事件を取り上げた報道ニュースです。

⑴ L'incident a eu lieu en Corse.「事件はコルシカで起こった」
　本文第1段落冒頭の文には、[...] deux jeunes Nantais respectivement âgés de 18 et 22 ans ont été agressés mercredi 9 avril.「それぞれ18歳と22歳の

2 人のナントの若者が 4 月 9 日水曜日に襲われた」とありますので、設問文
は本文の内容に一致しません。

(2)　Les deux Nantais rentraient de leurs vacances à Châteaubriant.「2 人の
ナント市民はシャトーブリアンでの休暇から帰るところだった」

　　設問文は、本文第 1 段落第 2 番目の Ils rentraient en tram-train de leurs
vacances à Châteaubriant (Loire-Atlantique).「彼ら（＝ 2 人のナントの若者）
はトラムトレインでシャトーブリアン（ロワール＝アトランティック県）で
の休暇から帰るところだった」という文の内容に一致します。

(3)　Les deux Nantais ont été agressés par un passager qui a éteint leurs
cigarettes.「2 人のナント市民は彼らのタバコを消した乗客によって暴行さ
れた」

　　本文第 2 段落冒頭には、Comme ils demandaient à deux autres jeunes,
montés en gare d'Issé, d'éteindre leurs cigarettes, la discussion s'est
envenimée.「彼ら（＝ナントの 2 人の若者）がイッセ駅で乗車したほかの 2
人の若者にタバコを消すようたのんだところ、話がこじれた」とありますの
で、設問文は本文の内容に一致しません。

(4)　Les deux Nantais ont demandé à un contrôleur d'arrêter leur dispute.「2
人のナント市民は車掌に口論を止めるようにたのんだ」

　　本文第 2 段落第 2、3 番目の文には Les deux Nantais ont alors cherché un
contrôleur pour régler le litige. En vain.「そこで 2 人のナント市民は争いを
解決するために車掌を呼びにいったが、無駄だった」とあります。つまり車
掌の助けを借りることができなかったのですから、設問文は本文の内容に一
致しません。

(5)　Quatre individus sont montés dans le tram-train à Nort-sur-Erdre pour
frapper les fumeurs.「ノール＝シュル＝エルドルで 4 人の乗客が乗ってきて、
タバコを吸っている人たちをなぐった」

　　本文第 3 段落冒頭には Lors d'un arrêt en gare de Nort-sur-Erdre, quatre
individus sont montés dans le tram-train pour épauler les fumeurs
réprimandés et agresser les deux passagers.「ノール＝シュル＝エルドル駅に
停車したとき、4 人の乗客がトラムトレインに乗ってきて叱責された喫煙者
に肩入れし、2 人の乗客を攻撃した」とありますので、設問文は本文の内容

仏検公式ガイドブックセレクション 1 級（2019-2023）

と一致しません。

⑹　Les deux Nantais ont été emmenés à l'hôpital.「2 人のナント市民は病院に運ばれた」

　設問文は、本文第 3 段落第 2 番目の文にある Les deux Nantais ont finalement été transportés dans un hôpital de Nantes [...]「最終的に 2 人のナント市民はナントの病院に運ばれた」という一節の内容に一致します。

⑺　L'un des deux Nantais a reçu une entaille à l'arcade sourcilière.「2 人のナント市民のうちの 1 人が眉弓に切り傷を負った」

　本文第 3 段落第 3 番目の文には L'un a écopé de plusieurs fractures au visage, d'une entaille à l'arcade sourcilière et d'hématomes.「1 人は顔を何ヵ所も骨折し、眉弓に切り傷を負い、血腫ができた」とありますので、設問文は本文の内容と一致します。

⑻　L'autre Nantais a été blessé à la jambe.「もう 1 人のナント市民は脚をけがした」

　本文第 3 段落第 4 番目の文には L'autre s'en est sorti avec le nez cassé et une blessure au couteau à la main.「もう 1 人は一命を取りとめたが、鼻を骨折し、腕に切り傷を負った」とありますから、設問文は本文の内容と一致しません。

⑼　Les deux Nantais ont porté plainte deux jours après les faits.「2 人のナント市民は事件の 2 日後に告訴した」

　本文第 3 段落第 5 番目の文には Le surlendemain des faits, les deux jeunes ont déposé une plainte au commissariat de leur quartier, pour violence en réunion avec arme.「事件の翌々日、2 人の若者は武器を使用した集団暴行により地域の警察に告訴した」とあります。したがって、設問文は本文の内容に一致します。

⑽　L'enquête a blanchi les agresseurs.「取調べにより襲撃者の無実が証明された」

　本文最後の文には、Le dossier a été transféré à Nort-sur-Erdre, où une enquête est en cours.「本件はノール゠シュル゠エルドルに送られ、取調べがおこなわれている」とありますので、設問文は本文の内容に一致しません。

聞き取り試験 2

解答 (1) ② (2) ① (3) ② (4) ② (5) ② (6) ① (7) ① (8) ②
(9) ① (10) ②

仏検公式ガイドブックセレクション1級（2019-2023）

練習問題4

・まず、あるニュースを2回聞いてください。
・次に、その内容について述べた文(1)〜(10)を2回通して読みます。それ
  ぞれの文がニュースの内容に一致する場合は解答欄の①に、一致しな
  い場合は②にマークしてください。
・最後に、もう1回ニュースを聞いてください。
  （メモは自由にとってかまいません）

［音声を聞く順番］ ㉜ → ㉜ → ㉝ → ㉝ → ㉜

（読まれるテキスト）

Vendredi 13 mai, un homme de 20 ans s'est présenté au guichet
d'accueil du commissariat de police de Grenoble avec un bouquet
de roses et de marguerites à la main. Les fleurs étaient destinées à
Nathalie Duval, la cheffe du groupe d'appui judiciaire. Le visiteur
l'avait rencontrée la veille, lorsqu'il avait été amené au poste à la
suite d'un délit routier qu'il avait commis. Madame Duval avait
d'abord pensé placer l'individu en garde à vue. Mais après avoir
attentivement écouté ses explications, elle avait finalement décidé
de s'en tenir à une remontrance bienveillante. Avant de laisser
repartir le jeune homme, qui s'avère être le fils de la maire de
Grenoble, elle lui avait dit en plaisantant qu'elle ne voulait plus le
revoir. Or il avait rétorqué qu'il avait la ferme intention de revenir
au commissariat. Madame Duval ne se doutait pas que ce serait
pour la remercier de sa gentillesse et de son professionnalisme.
« La police reçoit souvent des remerciements, mais en général, ils
viennent des plaignants, pas des gens qui ont commis des

212

聞き取り試験 [2]

infractions. En tout cas, cette attitude m'a émue et renforce ma motivation professionnelle », raconte Nathalie Duval. Largement relayée sur les réseaux sociaux, l'anecdote a suscité de nombreux commentaires.

（読まれる内容について述べた文）

un : Le bouquet que le jeune homme a apporté était composé de roses et de lys.

deux : Le bouquet était pour la maire de Grenoble.

trois : Le jeune homme s'était présenté au commissariat le lendemain du jour où il avait commis un délit routier.

quatre : Nathalie s'était montrée compréhensive envers le jeune homme.

cinq : Suite à la décision de Nathalie, le jeune homme avait été mis en garde à vue.

six : Nathalie voulait dire au jeune homme de ne plus commettre de délits.

sept : Le jeune homme avait dit avec insistance qu'il reviendrait au commissariat.

huit : Nathalie était sûre qu'elle serait remerciée pour son travail.

neuf : Les plaignants remercient rarement les policiers.

dix : Nathalie a été touchée par l'attitude du jeune homme.

(22)

213

仏検公式ガイドブックセレクション 1 級（2019-2023）

解説 警察官の女性に感謝の意を伝えるため花束を贈った若者について報じたニュースです。

(1) Le bouquet que le jeune homme a apporté était composé de roses et de lys. 「若者が持ってきた花束はバラとユリでできていた」

本文冒頭には、[...] un homme de 20 ans s'est présenté au guichet d'accueil du commissariat de police de Grenoble avec un bouquet de roses et de marguerites à la main. 「20歳の男性が手にバラとマーガレットでできた花束を持って、グルノーブルの警察署の受付に現れた」とありますので、設問文は本文の内容に一致しません。

(2) Le bouquet était pour la maire de Grenoble. 「花束はグルノーブル市長へのものだった」本文第 2 文には、Les fleurs étaient destinées à Nathalie Duval, la cheffe du groupe d'appui judiciaire. 「その花は司法支援グループ長の Nathalie Duval 氏のためのものだった」とありますので、設問文は本文の内容に一致しません。

(3) Le jeune homme s'était présenté au commissariat le lendemain du jour où il avait commis un délit routier. 「若者は交通違反をした日の翌日に警察署に現れた」

本文第 3 文には、Le visiteur l'avait rencontrée la veille, lorsqu'il avait été amené au poste à la suite d'un délit routier qu'il avait commis. 「訪問者［＝若者］はその前日、自分が起こした交通違反のせいで警察署に連行されたとき、彼女に会っていた」とあります。交通違反を起こした日からみれば、Nathalie に花束を渡すために警察を訪れた日は翌日にあたりますので、設問文は本文の内容に一致します。

(4) Nathalie s'était montrée compréhensive envers le jeune homme. 「Nathalie は若者に対して理解を示した」

本文第 4 文には、Madame Duval avait d'abord pensé placer l'individu en garde à vue. 「Duval 氏は当初、その人物［＝若者］を勾留しようと考えていた」とあります。しかしつづく第 5 文では、Mais après avoir attentivement écouté ses explications, elle avait finalement décidé de s'en tenir à une remontrance bienveillante. 「しかし、注意深く彼の釈明を聞くと、彼女［＝Nathalie Duval］は最終的にやさしい忠告をするにとどめた」と明かされま

214

す。つまり、Nathalie は若者に対して寛容な態度を示したのですから、設問
文は本文の内容に一致します。

⑸　Suite à la décision de Nathalie, le jeune homme avait été mis en garde à
vue.「Nathalie の決定によって、若者は勾留された」

　⑷で確認したように、Nathalie は若者を勾留することはやめ、やさしい
忠告をするにとどめたわけですから、設問文は本文の内容と一致しません。

⑹　Nathalie voulait dire au jeune homme de ne plus commettre de délits.
「Nathalie は若者にもう違反行為をしないようにと伝えたかった」

　本文第 6 文には、Avant de laisser repartir le jeune homme, qui s'avère
être le fils de la maire de Grenoble, elle lui avait dit en plaisantant qu'elle
ne voulait plus le revoir.「若者 ── グルノーブル市長の息子と判明したの
だが ── を釈放する前に、彼女［＝ Nathalie Duval］は冗談で、もうあな
たには会いたくない、と彼に言った」とあります。ここで Nathalie が（警
察で）もう若者に会いたくない、というのはつまり、彼が違反行為によって
ふたたび警察に連行されることのないようにという意味ですから、設問文は
本文の内容と一致します。

⑺　Le jeune homme avait dit avec insistance qu'il reviendrait au
commissariat.「若者は警察署にまた来るとしつこく言った」

　本文第 7 文には Or il avait rétorqué qu'il avait la ferme intention de
revenir au commissariat.「ところが、彼［＝若者］は警察署にまた来る強い
意志があると反論した」とありますので、設問文は本文の内容と一致します。

⑻　Nathalie était sûre qu'elle serait remerciée pour son travail.「Nathalie は
自分の仕事によって感謝されると確信していた」

　本文第 8 文には、Madame Duval ne se doutait pas que ce serait pour la
remercier de sa gentillesse et de son professionnalisme.「Duval 氏は、それ
［＝若者が花束を持って警察署をふたたび訪れたこと］が自分の優しさとプ
ロ意識に謝意を示すためだとは思わなかった」とありますから、設問文は本
文の内容と一致しません。

⑼　Les plaignants remercient rarement les policiers.「原告が警察官に感謝
するのはまれである」

215

仏検公式ガイドブックセレクション1級（2019-2023）

Nathalieの発言の一部にあたる本文第9文にはLa police reçoit souvent des remerciements, mais en général, ils viennent des plaignants, pas des gens qui ont commis des infractions.「警察は感謝されることがしばしばあるが、一般には原告からのものであって、違反した人々から感謝されることはない」とあります。設問文は逆のことを述べているわけですから、本文の内容に一致しません。

⑽　Nathalie a été touchée par l'attitude du jeune homme.「Nathalieは若者の態度に感銘を受けた」

やはりNathalieの発言の一部にあたる本文第10文には、En tout cas, cette attitude m'a émue et renforce ma motivation professionnelle [...].「ともかく、この（若者の）態度に私は感動し、プロとしてのモチベーションも強まります」とありますので、設問文は本文の内容に一致します。

解答　(1) ②　(2) ②　(3) ①　(4) ①　(5) ②　(6) ①　(7) ①　(8) ②
(9) ②　(10) ①

216

聞き取り試験 2

練習問題 5

・まず、あるニュースを 2 回聞いてください。
・次に、その内容について述べた文 (1) ～ (10) を 2 回通して読みます。それ
　ぞれの文がニュースの内容に一致する場合は解答欄の ① に、一致しな
　い場合は ② にマークしてください。
・最後に、もう 1 回ニュースを聞いてください。
　（メモは自由にとってかまいません）

［音声を聞く順番］　**34** → **34** → **35** → **35** → **34**

（読まれるテキスト）

　Dimanche, il y a eu un vol de 10 000 bijoux au centre
commercial Espace Saint-Georges de Toulouse. Les cambrioleurs
ont profité de la fermeture dominicale du centre pour agir en toute
impunité dans une bijouterie. Le préjudice s'élève à 500 000
euros. Les faits ont été intégralement filmés par les caméras de
vidéosurveillance. Vers six heures du matin, deux hommes
cagoulés sont arrivés aux abords de la boutique. Équipés d'une
disqueuse, ils ont découpé le rideau de fer du magasin pour
pénétrer à l'intérieur. En 30 minutes, ils se sont emparés des
bijoux, avant de prendre la fuite. Un système d'alarme avait bien
été installé dans le magasin, mais l'alerte a été envoyée sur le
portable de la responsable, qui ne l'a pas vue. C'est un passant
qui a téléphoné à la police vers midi. Les policiers espèrent
retrouver des empreintes qui pourraient les mettre sur la piste des
malfaiteurs. C'est le second cambriolage de ce type en moins d'une
semaine à Toulouse. Mardi dernier, une bijouterie de l'Espace

217

仏検公式ガイドブックセレクション1級（2019-2023）

Gramont avait également été attaquée et deux employés du magasin avaient été blessés.

（読まれる内容について述べた文）

un : Les cambrioleurs ont pris deux mille bijoux.

deux : Aucun centre commercial toulousain n'est fermé le dimanche.

trois : Les caméras de vidéosurveillance ont filmé tout le cambriolage.

quatre : Les malfaiteurs sont arrivés tête nue sur place vers six heures du matin.

cinq : Les cambrioleurs ont découpé le rideau de fer avec une scie à disque.

six : Les auteurs du cambriolage sont restés un quart d'heure à l'intérieur de la bijouterie.

sept : Le système d'alarme du magasin ne fonctionnait pas.

huit : La police a reçu le coup de téléphone du passant tôt le matin.

neuf : En moins d'une semaine, il y a eu deux cambriolages du même genre à Toulouse.

dix : Dans le cambriolage de mardi dernier, il n'y avait eu aucun blessé.

(23)

解説、今回出題された問題は、宝石店強盗事件について報じたニュースです。

聞き取り試験 2

(1) Les cambrioleurs ont pris deux mille bijoux.「強盗は 2000 個の宝石を奪った」

本文冒頭には、Dimanche, il y a eu un vol de 10 000 bijoux au centre commercial Espace Saint-Georges de Toulouse.「日曜日、トゥールーズのショッピングセンター Espace Saint-Georges で 10000 個の宝石が盗まれた」とありますので、設問文は本文の内容に一致しません。

(2) Aucun centre commercial toulousain n'est fermé le dimanche.「トゥールーズでは、日曜日に閉まっているショッピングセンターは 1 つもない」

本文第 2 文には、Les cambrioleurs ont profité de la fermeture dominicale du centre pour agir en toute impunité dans une bijouterie.「強盗は、なんの処罰も受けずに宝石店で行動するため、このセンター［= Espace Saint-Georges］が日曜日に閉店であることを利用した」とありますので、設問文は本文の内容に一致しません。

(3) Les caméras de vidéosurveillance ont filmé tout le cambriolage.「監視カメラが強盗の一部始終を録画していた」

本文第 4 文には、Les faits ont été intégralement filmés par les caméras de vidéosurveillance.「出来事は完全に監視カメラで録画されていた」とありますので、設問文は本文の内容に一致します。

(4) Les malfaiteurs sont arrivés tête nue sur place vers six heures du matin.「犯人たちは午前 6 時ごろになにもかぶらずに現場に到着した」

本文第 5 文には、Vers six heures du matin, deux hommes cagoulés sont arrivés aux abords de la boutique.「午前 6 時ごろ、覆面をつけた 2 人の男が店の近辺に到着した」とありますので、設問文は本文の内容に一致しません。cagoulé「覆面をつけた」という語がややむずかしかったのか、あまりできがよくありませんでした。

(5) Les cambrioleurs ont découpé le rideau de fer avec une scie à disque.「強盗はシャッターを電動丸ノコで切断した」

本文第 6 文には、Équipés d'une disqueuse, ils ont découpé le rideau de fer du magasin pour pénétrer à l'intérieur.「彼ら［= 2 人の男］は電動丸ノコを持っており、店内に侵入するために店のシャッターを切断した」とあり

219

仏検公式ガイドブックセレクション1級 (2019-2023)

ますので、設問文は本文の内容に一致しています。une scie à disque、une disqueuse といった表現が受験者にはなじみがなかったのか、本設問も正答率が低めでした。

(6) Les auteurs du cambriolage sont restés un quart d'heure à l'intérieur de la bijouterie.「強盗犯は宝石店内に15分間とどまった」

　本文第7文には、En 30 minutes, ils se sont emparés des bijoux, avant de prendre la fuite.「彼ら［＝2人の男］は30分で宝石を奪取すると、逃亡した」とあります。強盗犯が宝石店内にとどまった時間がことなっていますので、設問文は本文の内容に一致しません。

(7) Le système d'alarme du magasin ne fonctionnait pas.「店の警報装置は機能していなかった」

　本文第8文には、Un système d'alarme avait bien été installé dans le magasin, mais l'alerte a été envoyée sur le portable de la responsable, qui ne l'a pas vue.「店には警報装置が備えられていた。しかし、警報は責任者の携帯に送信されていたものの、責任者はそれを見なかったのだ」とありますので、設問文は本文の内容に一致しません。

(8) La police a reçu le coup de téléphone du passant tôt le matin.「警察は朝早くに通行人の電話を受けた」

　本文第9文には、C'est un passant qui a téléphoné à la police vers midi.「通行人が正午ごろに警察に電話をした」とあります。通報した時間帯がことなっていますので、設問文は本文の内容に一致しません。

(9) En moins d'une semaine, il y a eu deux cambriolages du même genre à Toulouse.「トゥールーズでは1週間もたたないうちに同様の強盗が2件あった」

　本文第11文には、C'est le second cambriolage de ce type en moins d'une semaine à Toulouse.「この種の強盗がトゥールーズで1週間もたたないうちに起きるのは2回目だ」とありますので、設問文は本文の内容に一致しています。

(10) Dans le cambriolage de mardi dernier, il n'y avait eu aucun blessé.「先週火曜日の強盗事件では、けが人は1人もいなかった」

220

聞き取り試験 2

　本文最後の文には、Mardi dernier, une bijouterie de l'Espace Gramont avait également été attaquée et deux employés du magasin avaient été blessés.「先週の火曜日には、Espace Gramont の宝石店も襲撃されていて、店の従業員が 2 人けがをしていたのだ」とありますので、設問文は本文の内容と一致していません。

解答　(1) ②　(2) ②　(3) ①　(4) ②　(5) ①　(6) ②　(7) ②　(8) ②
　　　　 (9) ①　(10) ②

2 次試験

仏検公式ガイドブックセレクション1級（2019-2023）

‖‖‖‖‖ 2 次 試 験

試験方法

(a) 試験は個人面接の形でおこなわれます。

　　面接委員はフランス人1人＋日本人1人です。

(b) 試験室に入室する3分前に**A**、**B**一組の問題を渡されます。

　　A、**B**どちらかの問題を選び、3分間程度の論述**exposé**をまとめます。

(c) 入室すると面接委員が本人確認をおこないます。

(d) 用意した論述をおこないます。

(e) 論述の内容をふまえ、面接委員との間で質疑応答をおこないます。

(f) 試験時間は入室から退室まで、全体で約9分間です。

　2次試験の問題は**A**、**B** 2つのテーマからなり、いずれか1つを選択します。原則として、**A**は政治や経済、社会などに関する時事的な話題、**B**はより日常的、一般的な話題です。どちらのテーマを選んでも、評価の基準は変わりません。

　約3分間の論述では、論理的な構成に配慮し、自分の主張を具体例にもとづいて説得的に提示するよう心がけます。また質疑応答では、面接委員の質問に的確に応答し、示された意見をふまえた議論をおこなわなければなりません。

　2次試験（50点満点）の評価は、選択したテーマについての論述と質疑応答をもとに、2人の面接委員が、以下の3つの評価基準に沿って採点をおこないます。

　　(1) **論述の内容**

　　　　論述に論理的な構成があり、主張が具体例に基づいて説得的に提示されていること。

　　(2) **質疑応答の能力**

　　　　面接委員の質問に的確に応答し、自分の主張に対して示された意見や見解をふまえた議論の展開ができること。

　　(3) **フランス語の能力**

224

フランス語の発音、文法が正確であること。語彙、表現が豊かで洗練されていること。

たとえば 2023 年度の試験では、時事的な話題として、次のような出題がありました。

Que pensez-vous de l'armement nucléaire ?
核武装についてどのように考えますか。

この出題に対する論述では、一生活者として、日本国民として、あるいは人類の一員としてというようにさまざまな立場から問題を検討することが可能です。また、核武装については反対の立場をとる人が少なくないと思われますが、核抑止力の保有といった観点から核武装に賛成する人がいる可能性も念頭に置きながら、なぜ核武装が許されないのか、いくつかの論拠をあげつつ、話を進めていきましょう。具体的には、核拡散の深刻化、軍拡競争の加速などが論拠として考えられるでしょう。日本が唯一の被爆国であるという歴史的背景を引き合いに出すことも可能です。

もうひとつ、同じ 2023 年度の出題です。

Selon vous, jusqu'à quel âge doit-on continuer à travailler ?
何歳まで働きつづけなければならないと思いますか。

こちらは、一個人の関心の範囲内で話をとどめるのではなく、広い視野から検討することが必要な問題の好例です。「何歳まで働くべきか」という問題は、多くの人にとってきわめて身近な話題と言えます。自分の体力の問題、経済事情、生きがいといった観点からなんらかの話をまとめることはできるでしょう。しかし、こうした個人的な関心事で話を終始させるのではなく、少子化にともなう労働力不足、年金問題といった社会問題にまで目配りしつつ、論理展開していくことも必要です。年金問題については近年、支給開始年齢の引き上げをめぐって、フランスでも各地で抗議活動が展開されました。年金問題をめぐる日仏比較まで織り込むことができれば、さらに質の高い論述ができるでしょう。

問題のなかには、賛否の立場を容易にきめがたいものもふくまれます。同じく 2023 年度の、一般的な話題の出題を見てみましょう。

Que pensez-vous du régime végétarien ou végane ?

菜食主義あるいはヴィーガニズムについてどのように考えますか。

菜食主義やヴィーガニズムを実践するかどうか、という個人の意見にとどまらず、殺生をめぐる倫理上の問題、環境問題、健康あるいは栄養学的な問題などにふれながら、菜食主義やヴィーガニズムのメリット、デメリットを提示するようにしましょう。そして、最終的に自分の考えをまとめるようにしてください。

あたえられた問題について、具体例をあげながら論理的に話をすることは、日本語でもけっして容易なことではありません。日ごろから日仏の新聞や雑誌を読んだり、ニュースを視聴したりして、どのような問題に人々の関心が集まっているのか注意するよう心がけましょう。どれほど流暢にフランス語が話せても、中身のない論述では高い評価を得ることができません。1つの問題について多面的に分析し、論理展開を考えるようにしてください。

以下、2019年度から2023年度までの5年間の2次試験（2019年度は日本会場およびパリ会場）の問題をかかげておきます。

2次試験

2019 年度

【日本】
1.
  A. Depuis quelque temps, beaucoup de personnes d'un âge moyen ou avancé ne travaillent pas et s'enferment chez elles. Que pensez-vous de ce phénomène qui pose un problème de plus en plus sérieux ?

  B. On dit que la monnaie électronique a du mal à s'imposer au Japon. Qu'en pensez-vous ?

2.
  A. Avec l'obligation de remboursement, le système japonais des bourses d'études accable de plus en plus les bénéficiaires. Qu'en pensez-vous ?

  B. Malgré les nombreuses critiques que cela suscite dans et hors de l'Archipel, le Japon reprend la chasse à la baleine. Quelle est votre opinion sur cette question ?

（訳）
1. A. しばらく前から多くの中高年が仕事をせずに家に引きこもり、深刻な問題となっています。この現象についてどう思いますか。

  B. 日本では電子マネーがなかなか浸透しないと言われますが、あなたはどう考えますか。

2. A. 返済の義務をともなう日本の奨学金制度が多くの受給者を圧迫していることをどう考えますか。

  B. 国内外での多くの批判にもかかわらず、日本は商業捕鯨を再開しました。この問題についてどう考えますか。

【パリ】
1.
  A. Certains reprochent aux grands industriels français d'être indifférents à la misère sociale mais mobilisés pour restaurer la cathédrale Notre-Dame. Qu'en pensez-vous ?

  B. Pensez-vous que le Japon ait toujours intérêt à conserver la datation en ères impériales ?

227

仏検公式ガイドブックセレクション 1 級（2019-2023）

2.

A. La justice pénale japonaise est souvent accusée de ne pas être en conformité avec les normes internationales des droits de l'homme. Qu'en pensez-vous ?

B. L'affirmation selon laquelle les Français ne savent pas parler l'anglais serait-elle aujourd'hui un cliché obsolète ?

（訳）

1. A. フランスの大企業は貧困の問題には無関心であるにもかかわらず、パリのノートル＝ダム大聖堂の修復には協力を惜しまないことを批判する意見があります。あなたはどう考えますか。

B. 日本が今後も元号による日付の表記を維持するメリットはあると思いますか。

2. A. 日本の刑事司法制度は人権に関する国際基準を満たしていないという批判をどう考えますか。

B. フランス人は英語ができないという主張は今や時代遅れの紋切り型にすぎないものでしょうか。

228

2 次試験

2020 年度

1.

    A. Le racisme est-il omniprésent dans le monde actuel ?

    B. Selon vous, quels sont les avantages et les inconvénients du télétravail ?

2.

    A. Au Japon, les femmes restent considérablement sous-représentées en politique. Comment pourrait-on réaliser la parité femme-homme en politique au Japon ?

    B. Selon un sociologue français, le potentiel des enfants à l'âge de 5 ans est déjà conditionné par l'appartenance sociale des parents. Qu'en pensez-vous ?

（訳）

1. A. 現代の世界において、人種差別はあらゆる場所に存在するでしょうか。

    B. あなたの考えでは、リモートワークの長所と短所は何ですか。

2. A. 日本では、政治の世界における女性の参画が依然としてきわめて遅れています。政治的な男女平等を実現するにはどうしたらよいでしょうか。

    B. あるフランスの社会学者によれば、子どもの潜在的な可能性は 5 歳の時点ですでに両親の社会的な帰属によって条件付けられているといいます。このことをどう考えますか。

229

仏検公式ガイドブックセレクション 1 級（2019-2023）

2021 年度

1.
  A. Que pensez-vous de la politique d'immigration du Japon ?

  B. Que pensez-vous de la dépendance des jeunes aux écrans ?

2.
  A. Comment la pandémie a-t-elle changé le comportement des gens ?

  B. Comment pourrait-on faire pour diminuer les commentaires violents ou agressifs sur les réseaux sociaux ?

3.
  A. À cause de la pandémie, beaucoup d'universités ont interdit aux étudiants de venir sur leur campus. Pensez-vous que ces universités devraient rembourser aux étudiants leurs frais d'inscription ?

  B. Que pensez-vous du phénomène appelé « mort solitaire » ?

（訳）

1. A. 日本の移民政策についてどう思いますか。

   B. 若者のネット依存についてどう思いますか。

2. A. パンデミックは人々の行動をどのように変えましたか。

   B. SNS 上の暴力的、あるいは攻撃的なコメントを減らすにはどうすればよいでしょうか。

3. A. パンデミックのために、多くの大学が学生にキャンパスに来ることを禁じました。こうした大学は学生に学費を返還すべきだと考えますか。

   B. 「孤独死」と称される現象についてどう思いますか。

2次試験

2022 年度

1.
 A. Pensez-vous que l'Europe a trop vite baissé la garde contre le Covid ?
 B. Selon vous, comment peut-on lutter contre le gaspillage alimentaire ?
2.
 A. Que pensez-vous du résultat des dernières élections présidentielles et législatives en France ?
 B. Les règlements des écoles secondaires japonaises sont souvent jugés trop stricts. Qu'en pensez-vous ?

（訳）
1. A. ヨーロッパがコロナウィルスに対する警戒を弱めるのは早すぎたと思いますか。
 B. 食品ロスに対してどのような対策ができると思いますか。
2. A. このたびのフランスの大統領選挙および国民議会選挙についてどのように思いますか。
 B. 日本の中学・高校の校則はしばしば厳しすぎると評されます。このことについてどのように思いますか。

231

仏検公式ガイドブックセレクション 1 級 (2019-2023)

2023 年度

1.

  A. Que pensez-vous de l'armement nucléaire ?

  B. Selon vous, jusqu'à quel âge doit-on continuer à travailler ?

2.

  A. La natalité ne cesse pas de baisser au Japon. Qu'en pensez-vous ?

  B. Que pensez-vous du régime végétarien ou végane ?

（訳）

1. A. 核武装についてどのように考えますか。

   B. 何歳まで働きつづけなければならないと思いますか。

2. A. 日本では出生率が下がりつづけています。これについてどのように
考えますか。

   B. 菜食主義あるいはヴィーガニズムについてどのように考えますか。

文部科学省後援
実用フランス語技能検定試験
仏検公式ガイドブック
セレクション **1** 級
(**2019** - **2023**)

定価 **4,180** 円（本体 **3,800** 円＋税 **10**%）

2025 年 4 月 25 日 発行

編　者　　公益財団法人　フランス語教育振興協会
発 行 者

発行所　　公益財団法人　**フランス語教育振興協会**

〒102-0073 東京都千代田区九段北 1-8-1 九段101ビル 6F
電話（03）3230-1603　FAX（03）3239-3157
http://www.apefdapf.org

発売所　　（株）駿 河 台 出 版 社

〒101-0062 東京都千代田区神田駿河台 3-7
電話（03）3291-1676（代）　FAX（03）3291-1675
http://www.e-surugadai.com
ISBN978-4-411-90312-9　C0085　￥3800E

落丁・乱丁・不良本はお取り替えいたします。
当協会に直接お申し出ください。
（許可なしにアイデアを使用し、または転載、
複製することを禁じます）
© 公益財団法人　フランス語教育振興協会
Printed in Japan